交通政策入門

第3版

INTRODUCTION TO TRANSPORT POLICY

［編著］

衛藤卓也　　大井尚司　　後藤孝夫

［著］

朝日亮太　　板谷和也
西藤真一　　酒井裕規
鈴木裕介

同文舘出版

は じ め に

交通問題

　私たちが住む社会では，交通（人や物の移動）という現象が日々絶えることなく起きている。交通という現象が個別レベル，社会的レベルで繰り返し生じている状況のなかで，交通は私たちの生活や社会経済活動を維持する土台として重要な役割を果たしており，その恩恵は計り知れないほど大きい。

　しかしその一方では，交通にかかわるさまざまな問題や課題も抱えているのが実情である。これらの問題や課題は，私たちによって交通問題として意識され，検討や考察の対象となってくる。

交通政策

　さまざまなタイプの交通問題に直面したとき，私たちはその問題をどのように考え，解決したらよいのか，その解決策を考えるのが通常である。そして，交通問題に直接関与し，方策を講じる中心的な主体が政府（中央政府および地方政府）であり，政府は，国家レベル，地域レベル，グローバル・レベルの交通問題に対して，その望ましい「あり方」・解決策を考え，実行に移すのである。交通の領域を対象として，政府が策定する構想や計画・方策が交通政策となる。

How の分析

　政府が実施する交通政策について学問的立場から論理的・体系的に考えるのが交通政策論である。

　交通政策論は，別の言い方をすれば，How の分析である。How の分析は，交通問題にどのように対処し，望ましい解決の方策は何かについて考察を加えるので，交通の「あり方」あるいは「あるべき姿」を追究することになる。すなわち，交通のあるべき理想や目標を描き，どのような方策・手段を講じ

るべきかを考えることになるわけである。したがって，Howの分析の場合，「…すべきである」，「…するのが望ましい」という価値判断が入ってくる。このとき注意すべき点は，社会的に意味のある価値判断が取り入れられ，社会的に意味のない価値判断は除外されることになる。

Whyの分析

　Howの分析を行う場合，交通問題に対する正しい現状認識をしておくことが不可欠である。なぜなら，誤った現状認識をすれば，誤った判断と決定を行うことになるからである。このような点から，交通現象ないし交通問題の「あるがままの姿」について，それがどうして起きているのか，その因果関係ないしメカニズムを解明することが求められる。"どうして"，"なぜ"起きるのかを明らかにするWhyの分析が必要となるのであり，Whyの分析を整合的に行うことによって適正妥当な現状認識を行うことができるのである。このため，"どうしたらよいか"を問うHowの分析を進める前提として，"なぜか"を問うWhyの分析を行うことが大切となるのである。

入門書として

　本書は，交通問題に関するHowの分析として位置づけられる交通政策論の入門書である。ただし本書では，交通の理想像や目標・目的，あるいはその方策はいかにあるべきかについて，「あるべき姿」を総合的・体系的に分析し，政策提言を行うことを意図しているわけではない。本書は，交通や交通政策を考えるときに必要となる専門的な概念（専門用語）や専門の知識，交通政策がなぜ必要となるのか（政策の背景・理由），交通政策は誰が行うのか（政策の主体），交通政策を実施するにはどのような方法があるのか（政策手段），交通政策にはどのような具体例があるのか（政策の事例）などについて，その概要をわかりやすく説明し，経済学の視点から交通政策を考える専門的知識を提供することを主眼としている。

著者達の思い

本書には，私たち執筆者（8人）の交通政策に関する考え方，つまり共通の思想が込められている。すなわち，本書の立場は，交通部門における希少資源の効率的な配分に寄与する「市場の働き」（市場メカニズム）を基本的に重視するとともに，その一方で，「市場の働き」が不完全である点を認め，その不完全性を修正・改善するために，政府が重要な役割を果たす必要があるという考え方に立っている。そのため，政府が，交通部門における市場の不完全性を是正し，市場が円滑に機能するように方向づけをしたり，直接関与したりする政策が不可欠となってくる。つまり，望ましい交通政策の設計・策定が要請されることになるのである。

読者の皆様へ

本書は，読者の皆様に，交通政策に関する基本レベルの知識と考え方を提供することを意図したもので，読者の皆様には交通政策について少しでも知的な関心を抱いていただき，認識を深め，考えをめぐらし，判断する材料としてもらえればありがたいと願っている。本書は専門的な知識の一端を提供するものであるが，どのような専門知識でも，それを身につけることは，日常生活を営むうえでも，人生設計を考えるうえでも大きな力となり，自分自身を強くし，生きるための道標になると考える。

本書第3版の企画について

本書第3版の企画について触れておきたい。本書は，2018（平成30）年に刊行された第2版をベースとしながら，同じ分野の執筆者を新たに迎え，改訂を加えた成果物である。第2版では，大井尚司先生と後藤孝夫先生，私の3名が編者となり，4名の執筆者とととともにまとめた。今回は，上記7名に加えて新たな執筆者を迎え，計8名の布陣で執筆し，まとめたものである。私を除く7名の先生方は，大学という場で同じ学問領域の研究・教育に従事している学者であり，現在，気鋭の学徒として活躍中である。

本書第3版の企画については，同文舘出版に快諾していただいた。特に，同社編集局の青柳裕之氏には，引き続き，本書の企画から完成に至るまで大変お世話になった。心から謝意を表する次第である。

2023（令和5）年2月

編著者を代表して

衛藤　卓也

第4章　交通サービスの市場 —市場の意味，役割，問題点—　73

第7章　交通市場における規制および規制緩和　*117*

第8章　交通分野での価格政策のあり方　*127*

第*11*章　交通社会資本整備のあり方　*175*

第*12*章　政策評価の手法　*187*

第*1*章

交通問題と交通政策

Learning Points

・交通とは何か，交通サービスとは何か，交通サービスの生産とは何か，などについてその意味を理解すること。

・交通サービスの生産能力の量と質の両面での持続的向上は，私たちの社会に大きな成果と恩恵をもたらしていることを認識すること。

・交通サービスの生産能力の向上は，人間の欲求の高度化がいっそう進むことによってその欲求に直ちに対応できないため，社会的な問題と課題となってくることを認識すること。

・交通サービスの生産能力の向上は，大きな恩恵をもたらす半面，マイナス面の問題と課題を有していることを認識すること。

Key Words

交通と交通サービス，交通サービスの生産（生産と消費の一致，商品生産と自己生産），交通サービスの生産能力の向上，交通問題，市場の限界と交通政策

第1節 交通と交通サービスの生産

(1) 交通の意味

　交通とは何かについて，その意味を考えてみる。交通（transport or transportation）とは，人（人間）と物（財貨）の場所的・空間的な移動のことである。この移動が実現するためには，その背後に人間の意思や行為が前提として介在していなければならない。つまり，人間の意思や行為に基づく人為的な働きかけがあって初めて人や物の移動が成り立つのである。

　したがって，川の水という物（物質）が上流から下流に移動するという現象は，人為的な働きかけによらない移動であり，自然の作用によって生じる現象であるから，交通のカテゴリーからは除外されることになる。自然的な移動現象を除く，人や物の人為的な移動現象だけが交通のカテゴリーに含まれるのである。

　また，別の言い方で交通の意味づけを行うと，以下のようになる。交通とは，人々の多様な移動目的を実現するために，何らかの移動手段（交通手段）を用いて場所的・空間的距離を克服し，人や物の移動を実現させる行為であるといえる。その移動行為の結果が，人や物の移動という現象，すなわち交通現象となって現れることになる。ここで留意すべき点は，第1に，移動対象としての人や物は，空間的に所在位置を変えるだけで，その姿・形が変わるわけではないということである。第2に，移動対象である人や物は，何らかの移動手段（交通手段）の介在によってその移動が実現される存在であるということである。そこでは，人や物を乗せる何らかの移動手段（交通手段）が介在し，使用されているのである。こうした意味を有する交通は，私たちにとってきわめて重要な社会基盤の一つとして見なされるのである。

(2) 交通サービスの意味

　交通サービスとは何か，その意味について考えてみたい。交通サービスと

は，私たち人間が移動対象としての人や物に働きかけて，人や物の移動を実現させる行為のことである。それは，輸送される人や物に対する，意味のある有用な“作用・働きかけ”であり，この作用・働きかけの行為を交通サービス（transport service）という。これは，何か形のある物，具体的に目にみえる物（有形財）をつくるというものではないが，有形財を生産する場合と同じように，“目にはみえないもの”（無形財）としての交通サービスを生産するということができるのである。

（3）交通サービスの生産—生産要素

つづいて，交通サービスを生産するためには，それを生産するために必要な物，すなわち生産要素がなくてはならない。交通サービスを生産する3つの基本的生産要素として，通路，輸送具，労力を挙げることができる（図1-1）。

第1の通路は，交通サービスの生産が行われる場所で，線路・軌道，道路，港湾，空港などを指し，交通インフラ（transport infrastructure）ないし交通社会資本と呼ばれる。これは，有形財生産の場合の工場に当たる。第2の輸送具は，鉄道車両，自動車（バス，タクシー，トラック，自家用乗用車〈マイカー〉など），航空機，船舶などであり，広範囲に空間を移動する可動施設のことである。これは，有形財生産の場合の工場の機械設備に相当するが，異なる点は，機械設備が工場の一定場所に固定されて使用されることである。

図1-1　交通サービス生産のための3つの生産要素

輸送具には，通常，動力設備が装着されており，輸送具と一体となっている場合が多い。

　第3の労力は，交通サービスを生産するときに必要となる人的要素であり，重要な役割と知識を有するヒューマン・パワーである。交通事業は，無形財である交通サービスを商品として有料で提供する仕事に従事しており，交通サービスの商品生産を行っていることになるので，そこで働く職員はまさしく労働力といえる。これに対し，自家用乗用車（マイカー）を使用する場合は，無形財である交通サービスを商品としてではなく，自分のために自分で生産しており，他人のために働く労働力とはいえなくなる。自分で野菜や果物を栽培する自給自足のケースと同じである。したがって，交通サービスの商品生産に従事する場合の労働力も含めて，ここでは，より広い意味で労力という言葉を用いている。

（4）交通サービスの生産─原料の欠如

　交通サービスは上述の生産要素を用いて生産されるが，有形財生産の場合と大きく異なる点は，生産要素としての原料が欠如していることである。

　人間に役に立つ有形財を生産する場合，通常は，生産要素のなかに原料が含まれるが，交通サービスという無形財を生産するときには，生産要素としての原料が存在しないことである。交通サービスを生産する場合，輸送対象である人や物が存在しなければ交通サービスの生産は成り立たないが，この人や物は，原料とは根本的に異なる対象である。原料とは，生産過程のなかでその形や質を変えられ有用な物に転化するが，輸送対象である人や物は，交通サービスの生産過程で形や質を変えられることはない。ただそのままの形・存在で所在場所を変えられるにすぎず，原料とはまったく異質の存在である。こうして，交通サービスの生産においては，原料が欠如しているという特徴がみられるのである。

（5）交通サービスの生産―生産と消費の一致

　交通サービスという無形財の生産を，有形財の生産の場合と比較して考えてみる。有形財の生産の場合，それが生産されて，そのあと流通過程を経ることによって最終的に消費されるという図式になる。すなわち，生産→流通→消費という過程を踏むことになるが，生産過程と消費過程との間には一定の時間的なズレ（タイム・ラグ）が存在し，生産と消費はそれぞれ独立した過程となっている。これに対し，交通サービスの生産の場合，生産過程と消費過程は一体となり，2つの過程は1つの結合体を形成するのである。交通サービスが生産されると同時に消費されるので，そこには流通過程が存在せず，生産と消費が同時的・即時的に行われるという特徴がみられることになる。生産と消費の一致，すなわち，生産＝消費という特徴が存在するので，交通サービスは即時材と呼ばれるのである。

　上の特徴からさらにいえる点は，生産と消費の"時間的"な一致のため，生産される交通サービスは貯蔵することができない（non-storable）ということ，つまり"非貯蔵性"を有することである。有形財は貯蔵可能であり，生産されてから一定の時間が経過した後で消費されるのに対し，交通サービスの場合，貯蔵不可能で，生産されるその瞬間に消費されなければならないのである。また，Aという場所で生産された交通サービスをBという場所に持っていき，消費することはできないので，生産される交通サービスは移転することができない（non-transferable）ということ，つまり"非移転性"を有することである。生産と消費が"場所的"に一致するため，交通サービスは消費される場所で同時に生産されることになるのである。

（6）交通サービスの生産―商品生産と自己生産

　交通サービスの生産は，大きく分けて，商品生産と自己生産の2つの方式に大別される。前者の商品生産は，生産主体である交通事業者が一定の収入を確保する目的で，他人のために交通サービスを商品として生産する場合，

後者の自己生産は，自己の移動目的を有する主体が自らの手で交通サービスを生産する場合である。交通サービスの商品生産は，営業用交通のことであり，また公共交通（public transport）と言い換えてもよい。交通サービスの商品生産者は，不特定多数の利用者に対して不当に差別することなく，公平にサービスを提供する義務を負わされている。他方，交通サービスの自己生産は，自家用交通のことであり，また私的交通（private transport）ともいわれる。交通サービスの自己生産は，自分が消費するために自分自身で米や野菜を作る自給自足形態のケースと同じであり，あくまで自己目的のための自己生産＝自己消費である。

交通サービスの自己生産の主役は，自家用乗用車（マイカー）である。19世紀後半の1886年，ドイツのダイムラーとベンツの2人がガソリン自動車を開発し，アメリカでは，20世紀初めにフォードがガソリン自動車の大量生産に着手，自動車時代の幕が開かれた。欧米では一足早くモータリゼーションの波が押し寄せ，自家用乗用車（マイカー）が普及・浸透していくことになる。遅れてわが国でも，高度経済成長期（1955年〜1973年）の1960年代以降からモータリゼーションが急速に進み，自家用乗用車（マイカー）の普及が大きなトレンドとして顕在化した。要するに，交通部門では，交通サービスの自己生産方式のウエイトがかなり高くなり，今では，交通サービスの商品生産と自己生産の共存状態が続いているのである。

（7）通路サービスの存在

前述したとおり，交通インフラ施設である通路は，交通サービスの生産要素の1つである。通路はつまり，交通サービスを生産するために利用される生産要素サービス＝通路サービスである。たとえば，無料の一般道路は，国や地方自治体によって道路サービス（道路輸送サービスではない）として供給されており，また有料の高速道路は民間会社によって高速道路サービス（高速道路輸送サービスではない）として供給されている。多くの場合，多様な道路利用者（バス，タクシー，トラック，自家用乗用車〈マイカー〉，バイク・

自転車，歩行者など）が道路サービスを生産要素として利用することによって，移動を実現しているのである。もちろん，道路だけでなく，線路・軌道，港湾，空港などの交通インフラ施設の通路サービスも存在している。本書では，交通インフラ施設としての通路サービスの「あり方」を第11章で取り上げ，説明を加える。

第2節　交通サービスの生産能力向上と交通問題

（1）交通サービスの生産能力向上

　19世紀から20世紀にかけての，人類の歴史からみてたかだか200年にしかすぎないタイムスパンのなかで，人類史を画する画期的な交通手段の開発と登場によって，能率的・近代的な交通手段を手に入れることができた。輸送具を中心とする交通手段は交通サービスを生産するための生産要素であり，その発達によって交通サービスの生産能力は飛躍的に向上し，量と質の両面で交通サービスの劇的な改善・充実をもたらした。すなわち，交通手段の発達は，能率的な大量輸送を可能にし，さらに利便性，迅速性，正確性，快適性，安全性などの質的改善に導き，量と質の両面で交通サービスの生産能力向上に大きく寄与したのである。

　生産要素としての交通手段の発達には，2つの意味合いが含まれている。1つは，交通手段の技術革新（technological innovation）であり，もう1つは，交通手段の多様化（diversification）である。前者は，今までにない画期的な技術革新あるいはより進んだ技術改良による交通手段の開発であり，後者は，多様化した交通手段が出現し，それらが幅広くいつでも利用可能になることである。要するに，2つの意味合いを持つ交通手段の発達が，交通サービスの生産能力を量的にも質的にも大幅に向上させたことになる。そして，交通サービスの生産能力向上は，①多くの人々が適切な負担のもとで公平に，質の高いサービスを享受することができるハイレベルなモビリティ

（mobility）社会を招来させ，さらにまた，②多くの大量の物資が効率的，安定的，円滑に移動可能なハイレベルな物流社会を実現させているのである。

（2）交通サービスの生産能力向上と交通問題

交通サービスの生産能力の飛躍的向上によって，ハイレベルな交通サービスを享受できる恵まれた時代状況のなかにあっても，私たちはさまざまな問題と課題に直面しており，問題解決への方策を模索しなければならない状況下に置かれている。交通サービスの生産能力向上によって，問題と課題の複雑性と困難性はむしろ増しているといってよい。

以下では，この問題と課題について簡潔に論じることにする。

第1は，交通サービスの生産能力向上によって実現されたハイレベルな交通サービスは，その水準を長期にわたり維持していくことになるが，それが固定化してしまうのではなく，変化していくという点である。充実したサービス・レベルが歴史的な持続性を持つとしても，そのサービス・レベルが不変のまま維持されていくとは考えにくく，新しい要素が加わることによって変化を被ることになる。将来の時代に向けてのサービス・レベルの変化が予想されるのであるが，それは人々の欲求が変化し，高度化していくからである。つまり，人々の欲求はとどまるところを知らず，常に高いレベルのサービスを夢みるからであり，レベルアップの欲求が新たに湧いてくるのが一般的である。新たな欲求・願望は現在よりも高い水準の交通サービスを求めるようになり，したがって，人間の有する宿命ともいえるが，欲求充足のための大きな課題が投げかけられ，解決すべき交通問題として提起されることになる。

第2は，交通サービスの生産能力向上は，ハイレベルな交通サービスの提供を可能にしたという大きなプラス面の効果を発揮する一方，それとは反対に，マイナス面の諸現象を引き起こしてきたという点である。この種の多様な諸現象は，複雑で難しい性質を備えており，多くの人々の問題意識と関心度が高まると，交通問題としての共通認識が持たれるようになる。

社会問題としての多様な交通問題は，それぞれ，重要性，深刻性，複雑性，困難性を抱える問題から構成されており，また速やかに解決することができない次元の問題群から成り立っている。交通サービスの生産から派生的に生起する，この種の交通問題についてその解決策を追究するのが交通政策の使命（ミッション）であるが，本章では，3つの交通問題を事例として取り上げ簡潔に説明するので，交通問題への問題意識と共通認識を高める1つの"きっかけ"になればと思う。

① 道路混雑問題

現在，大都市を筆頭に多くの都市域で観察される身近な問題として，道路混雑問題を挙げることができる。最近では，都市域だけでなく，主要な幹線道路の多くで，さらには高速道路においても混雑（congestion or traffic jam）が発生し，その激化と慢性化に多くの人々が巻き込まれているのが現状である。異なるレベルの混雑が至る所で観察され，それは局所的現象から広域的な面的現象へと拡大しているといえる。

道路混雑は，車両（バス，タクシー，自家用乗用車〈マイカー〉，トラックなどの自動車）の相互間，つまり車両同士の間で生じる現象である。それは，道路上の走行車両の間で生じるのであり，乗車中の人同士の混雑ではない。その意味で外部混雑といってよい。しかし，バスの場合には，時間帯によって車両内部で人同士の混雑，つまり内部混雑が発生するので，外部混雑と内部混雑の両方が混在するという特徴がみられる。ちなみに，道路と異なる鉄道（電車）の場合には，時間帯によって車両の内部で内部混雑が発生する。とりわけ，大都市では，鉄道の内部混雑のひどさに対し，皮肉を込めて痛勤電車と揶揄されたこともあるが，車両の外部では基本的に混雑は発生せず，外部混雑は存在しない。

道路混雑は全体としてみれば，交通サービス生産の非効率性または非円滑性を引き起こし，多大な時間的ロス（損失）をもたらすので，道路混雑問題として提起されるのである。

②　地球温暖化問題―交通問題として

　グローバル・レベルで注視されている地球環境問題は，地球温暖化（global warming），砂漠化，森林破壊，酸性雨，オゾン層破壊などからなる問題の総称である。このうち，地球温暖化問題については，大きな問題として毎年，特定の国の都市で温暖化防止会議が開催され，二酸化炭素（CO_2）を中心とする温室効果ガス（greenhouse gas）に関する対策について会議が行われている。最近では，2016年11月にモロッコのマラケシュで22回目の会議が行われており，この会議のことを，正式には「第22回気候変動枠組み条約締約国会議」といい，COP22という略称で呼ばれている（COPは，Conference of the Partiesの略）。

　温室効果ガスの主要物質である二酸化炭素は，生命体にとってはなくてはならない不可欠の物質であるが，それが過多になりすぎると深刻な問題を引き起こすことになる。二酸化炭素排出量を国別にみれば，中国とアメリカが圧倒的に多く，つづいて，EU（欧州連合），ロシア，インド，日本の順となっている。また，わが国における二酸化炭素排出量を部門別にみれば，「産業部門」（製造業，農林水産業など）が最も多く，2番目が「業務その他部門」（商業，サービス，事業所など），3番目が「運輸部門」（交通部門），4番目が「家庭部門」（住宅等の居住者など）となっている（環境省 2016）。運輸部門の二酸化炭素排出量が顕著な現象として観察され，地球温暖化問題が交通問題のカテゴリーの1つとして立ちはだかっていることが認識される。

　運輸部門における二酸化炭素排出量を交通手段別にみてみると，自動車が圧倒的な割合（86％）を占めており，自動車のなかでも，自家用乗用車（マイカー）とトラック（営業用トラックと自家用トラックを含む）がその大半を占めている。バス・タクシーは割合としては僅少である。二酸化炭素は，いずれにせよ，交通サービスの商品生産と自己生産の両方の過程から大量に発生するわけであり，したがって，地球温暖化問題を交通問題の1つに組み込み，交通の領域からの温暖化防止対策に真剣に取り組む必要があるのである。

③　地方交通問題

　多くの地方では，商品生産者としての鉄道とバスの需要は，人口の持続的な減少によって，また自己生産者である自家用乗用車（マイカー）への需要シフトによって，その需要規模が大幅に縮小し，経営難現象に陥っている。自家用車の優位性は，公共交通から自家用車への一方的なモーダルシフト（modal shift, 異なる交通手段間の転換）を引き起こし，地方圏での生活交通の主役となっている。これに対し，鉄道やバスは，自家用車を使えない，あるいは使わない人々の残余需要を満たす従的交通手段に転化してしまっているのである。広く普及・浸透している自家用車の優位性が存在するかぎり，公共交通需要の低位現象が起こり，鉄道会社やバス会社の収入は低迷し，経営悪化という事態に直面しているのが実情である。地方公共交通の赤字経営が常態化し，厳しい状況下に置かれているのである。

　このようななかで，自家用車を保有しない人々，あるいは運転できない人々は，公共交通依存層のグループに属することになり，彼らの足となる生活交通を確保することが地域の使命であると考えれば，たとえ赤字経営であるとしても，鉄道やバスなどの公共交通は維持していかなければならない。

　したがって，地方交通の問題をどのように解決したらよいのかといった課題に立ち向かい，最善の方策を導き出すことが要請される。地方の公共交通サービスの生産をいかに持続的に維持していくことができるのかといった問題が前面に横たわっているのである。

　以上，充実したハイレベルな交通社会のなかにあっても，さまざまな問題や課題に直面しているが，それに対する人々の問題意識も高まり，浸透することになる。交通問題の多面性，重大性，複雑性，持続性が広く発信され，問題に対する共通認識が植えつけられるのである。これまでの歴史からみて，交通サービスの生産能力は量的・質的に着実な向上の道を歩んできているわけであるが，その一方で，交通問題として多くの問題や課題を抱えながら知恵を巡らす時代状況のなかに置かれているのである。

（3）交通問題と交通政策の必要性

① 交通政策の4段階

多くの人々によって共有される多様な交通問題を前にして，それに対処し解決するための方策を追究することが求められる。その場合，交通問題は，国レベルないし地域レベルの問題であるから政府の関与が不可欠となり，問題に対処可能な責任主体である政府の政策が要請されることとなる。交通問題を解決するための政府の方策が交通政策（transport policy）である。なお，政府には，中央政府（central government）と地方政府（local government）の2つのタイプがあり，中央政府はもちろん1つであるが，地方政府は多くの都道府県と市町村で構成され，非常に多く存在している。本書では，基本的に中央政府を念頭において論理展開がなされている。

政府による交通政策は，その政策案が検討・策定され決定されると，それが実行に移され，政策が実現することになる。その後，政策が効果的に進捗しているかどうかを確認・検証する作業も必要となってくる。これらの流れを整理すると，交通政策は次の4つの段階から構成されることが認識できる。

① 政策の立案・策定―複数の代替的な政策手段を取り上げ，それらの政策手段の長短および実行可能性を吟味し，最良の政策手段の組合せを策定する段階。

② 政策の決定・承認―策定された政策案を民主的なプロセスを踏んで，最終的な合意形成に結びつけ，承認を得る段階。

③ 政策の実行・遂行―決定された政策に対して責任を持って確実に実行し，政策目標の実現に結びつける段階。

④ 政策の検証・チェック―政策が実行されてから，それが円滑に進んでいるかどうか，政策の効果が十分発揮されているか，改善すべき点は何であるか，などについて検証する段階。

上の②のプロセスは，その基本的・根幹的な部分（法案の承認など）につ

いては，国権の最高機関である国会が決定するようになっているが，実質的には，政府が基本政策の決定に対しても主導権を握っているのが実態であり，行政の優越現象がみられるのである。

② 交通政策が必要とされる理由

　政府がさまざまな政策領域の1つである交通の領域に対し，交通政策を策定・決定・実行するのには，大きな理由がある。そこで，政府による交通政策の必要性を裏づける経済的な背景について簡潔に説明することにする。

　前述したように，交通サービスの生産は商品生産と自己生産に大別される。商品生産の場合には，そこに交通サービスの市場（market）が形成されており，交通サービスが商品として市場を介して提供されていることになる（市場については，第4章で詳述）。言い換えると，市場という制度的な枠組み（市場経済システム）のなかで交通サービスが商品として生産され，提供されているのである。これに対し，交通サービスの自己生産の場合には，そこに市場が存在せず，自分のために自分で交通サービスを生産し消費しているのである。

　このような状況下で，世界と日本に存在する希少な資源を使って交通サービスの生産活動が行われるわけであるが，この資源は希少であるがゆえに，社会全体からみて効率的に配分し利用した方が望ましい。希少資源の効率的な配分（efficient allocation of scarce resources）を実現する制度的な枠組みが，市場という"生きた制度的装置"なのである。

　市場はつまり，希少資源の配分・利用に対して大きな力を発揮しており，すぐれた制度的装置といえるが，しかし万能薬としての力は備えておらず，完全無欠な装置にはなっていないのである。商品生産される交通サービスの市場では，さらに市場がカバーしきれない，あるいは対応できない領域がいくつか存在しており，この点からも市場の限界が観察されるのである。こうして，市場が抱える不十分な点，ないし市場が解決困難な領域に対しては，それを補完する役割を果たせる政府の関与ないし行動が要請されることにな

るのである。こうして，政府の交通政策が策定され，実行されることになる。そこでは，"市場"と"政府"との連携，ないしは「市場の力」（market force）と「政府の力」（government force）との補完が不可欠となるのである。

第2章

交通サービスの需要

Learning Points

・需要の決定要因と特性を理解する。
・需要の価格弾力性の仕組みを理解する。

Key Words

需要の価格弾力性，本源的需要，派生需要，機会費用，時間価値

第1節 需要の決定要因（本源的需要との関係）

　私たちは，生活していくうえであらゆる財・サービスを消費（利用）している。交通（サービス）も，そういった消費されるサービスの1つである。では，交通はいったいどのようなときに利用されるのであろうか。

　財・サービスを消費（利用）したい，という意思が「需要」である。その「需要」には，大きく2種類の需要がある。

　1つは「本源的需要」である。これは，欲している財・サービスを利用すること自体が目的となるものである。たとえば，飲み物を需要（消費）することは，「飲む」という目的達成のためであり，飲み物はそのために作られている財であるから，これは本源的需要に当たる。

　もう1つは「派生需要」（派生的需要）である。これは，欲している財・サービスを利用すること自体は目的ではなく，別の目的（本源的需要）を達成するための手段として財・サービスが需要（利用）されることを指す。

　では，交通の需要はどちらの需要に当たるのであろうか。

　鉄道旅行の好きな人が，「鉄道に乗ること」を楽しみ（目的）にして鉄道に乗っている場合は，「鉄道に乗る」という本来の目的と「鉄道サービスを利用する」ことが一致するため，本源的需要に基づいているといえる。しかし，一般的には交通の需要は「派生需要」に基づくものである。たとえば，学校へ通学するために鉄道・バスを利用する場合，鉄道・バスを利用する（つまり交通を需要する）のは「学校へ行く（あるいは学校で学ぶ）」という本来の目的を達成するための手段にすぎず，「鉄道・バスに乗るため」に学校に行っているのではない。つまり，交通の需要を考える場合には，それを支える「本源的需要」に注目する必要があることに注意すべきである。

　では，交通の需要における「本源的需要」とはどのようなものがあるだろうか。その例を図2-1に示す。

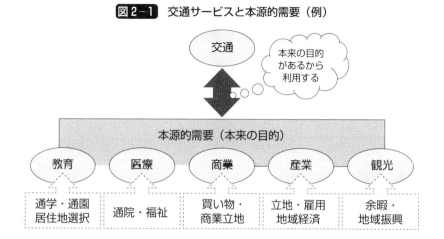

図2-1 交通サービスと本源的需要（例）

本源的需要には，いくつかの側面がある。以下に示す4つは，かかわる主体との関係を示したものである。

（1）「居住する人」の視点

ある地域に住み，生活するためには，いろいろな要素・活動が必要になる。たとえば，住居を構えるに当たっては，通勤先等の立地，住居の価格，通学・通園や生活行動（買い物，通院など）の利便性を考えるであろう。教育を受けるためには学校まで移動する必要があり，病院にかかる場合や買い物する場合もそのような目的達成のために移動が不可欠である。これら，そこで居住するために何が必要とされるのか，という本源的需要の達成には，必ず交通の問題が関係する。

（2）「働く人」「生産する人」の視点

生活をしていくうえでは，所得を得る必要がある。また，経済を回していくためには，企業が生産活動を行う必要があり，そのためには雇用が必要である。これらの活動においても，交通サービスが需要される。

労働者にとっては住居から勤務先までの通勤という形で交通サービスを需

要する。また，企業は生産活動において雇用を確保する必要があり，また原材料や完成品の輸送が必要な場合はこれらの輸送サービスを必要とする。そのため，雇用確保や生産活動において，企業・産業の立地は重要な問題であり，また雇用や生産活動と交通サービスが関連性をもつ。

たとえば，当該企業までの公共交通がなければ自家用車での通勤が必要であり，自家用車をもたない人はそこで働けないか，企業が交通サービスを用意する必要がある。また，原材料の仕入れや完成品の輸送のために海岸部に企業が立地するというのは，企業の生産活動において交通サービスの利便性を考える必要があることの証である。

さらにいうと，交通サービスを提供する交通事業者（バス会社，鉄道会社，航空会社，タクシー会社，船会社）は，交通サービスを需要する主体にサービス供給を行い，その生産で経済・社会に貢献し，雇用を行っているため，交通事業者の生産活動は交通サービスの需要と密接に関係する。近年，交通事業者の雇用確保が困難になり社会問題となっているが，交通事業者の雇用がなければサービスの需要には応えられないわけで，実際には雇用問題を背景にサービスの供給が対応できないケースも地方では増加している。

（3）「外の人」の視点

私たちにとって，自分の居住している地域内ですべての用務が完結していることはまれである。たとえば，洋服を買うために大都市に出かけることもあるだろう。親戚や知人との交流，冠婚葬祭，あるいは旅行（観光）のために遠方へ移動することもあるかもしれない。

つまり，交通サービスの需要は，地域内の人だけではなく，地域外の人からも発生するのである。したがって，そういった地域外の人からの需要との関係もみていかないといけないということである。上述の目的での移動（交通サービスの需要）は，受け入れ側からすると，来る人のための利用環境改善（たとえば長距離交通インフラの整備など），あるいは観光をはじめとするそもそもの目的づくり（観光施策など）に関係するものである。

（4）「政府（行政）」の視点

　交通サービスは，政府（行政）の業務にもさまざまな面で関係している。

　政府の行動目的が社会的厚生水準の最大化であることを考えると，特に地方自治体では住民が生活しやすくなるという目的達成のために交通サービスをどのように整備し，あるいは限られた財源のなかで支援していくか，といったことを考えるであろう。場合によっては，市場性が成り立たないところの交通サービスの維持など，「市場の失敗」が発生している状況は交通サービスにおいて起きやすく，そのコントロールは政府の役割であるから，政府（行政）の行動（あるいはその目的）と交通サービスの需要には密接な関係がある。

　また，住民の増加はその自治体（あるいは政府）の評価を上げることになり，たとえば評価の高い地域の土地は地価が上がり税収が上がる。加えて，中心市街地の再開発などその地域の魅力を上げることは，来訪者・居住者・事業所等の立地増加などにつながり，交通サービスの需要にも大きな影響を与える。こういった自治体内の土地（資産）の有効活用の問題と交通サービスの需要も実は関連性があるといえる。

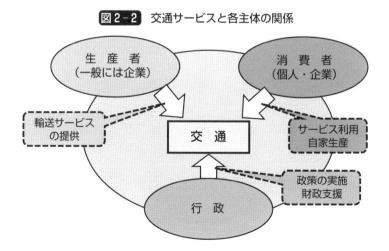

図2-2　交通サービスと各主体の関係

これらのことを踏まえると，交通サービスの需要は世のなかに存在するすべての当事者，あるいはそれらの行動（活動）目的のあらゆる面で関係があるといえる。つまり，交通サービスの需要の関係する分野は多岐にわたり，すそ野が広い分野であるといえる。図2-2は，交通サービスと各当事者の関係を表したものである。

　交通サービスを需要するには，生産者である交通事業者がサービスを供給しないといけない。ただ，交通サービスはたとえば自家用車・自転車を自ら運転して移動するといった自家（自己）生産も可能であり，サービスの需要者でもあり消費者である個人や企業は，交通事業者の提供する交通サービスを需要（消費）するだけではなく，自ら生産して消費することもある。行政は，目的達成のために交通サービスを消費することもあるが，一般的には消費者・生産者の交通サービス需要・供給に関する政策・財政面での支援を行う主体である。

　交通サービスと各主体・本源的需要は多岐かつ密接につながっていることから，交通サービスの需要を考えるに当たっては，とりわけ本源的需要との関係に注目する必要があることをまとめとして指摘しておきたい。

　最後に，図2-1と図2-2をまとめて１つの図にしたものが図2-3である。図

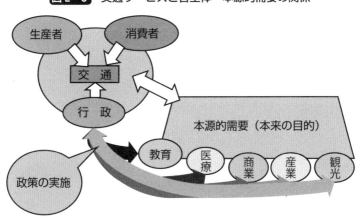

図2-3 交通サービスと各主体・本源的需要の関係

2-3に示すとおり，交通サービスと各主体・本源的需要は多岐かつ密接につながっていることから，交通サービスの需要を考えるに当たっては，とりわけ本源的需要との関係に注目する必要があることをまとめとして指摘しておきたい。

第2節　交通サービスの需要のトレンド

　交通サービスの需要がどのようになっているのか把握しておくことは，交通サービスの提供のあり方などを考えるうえで重要である。ここでは，いくつかの旅客・貨物の統計からその傾向をみていくことにしたい。

（1）旅客における交通需要のトレンド

　図2-4は，輸送手段別の旅客輸送人員の推移を示したものである。絶対数が異なることから，比較のために1970（昭和45）年を100として基準化し，指数にして表したものである。たとえば200であれば1970年の200％（2倍）ということであり，50であれば1970年の50％（半分）ということである。

　図2-4は輸送人数（実数）の傾向を示すものであったが，輸送機関（モード）別のシェアについて示したのが図2-5である。

　輸送人員・モード別のシェアから読み取れる，旅客交通需要のトレンドをまとめると以下のようになる。

　第1に，自動車が輸送人員・シェアとも最も需要の多いモードになっていることである。図2-4で確認するかぎり，軽自動車の統計への追加の影響を排除しても自動車の輸送量の伸びは大きく，モード別シェア（調査の制約で2009（平成21）年度まで[1]）でも過半を占めている。1970年当時と比べると，所得水準の向上や自動車の販売価格の低下などにより自家用車が急速に普及

1　2010（平成22）年度から自家用車の統計が調査対象から外れており，2010年度以降の数字は営業用乗用車のみの数値である。

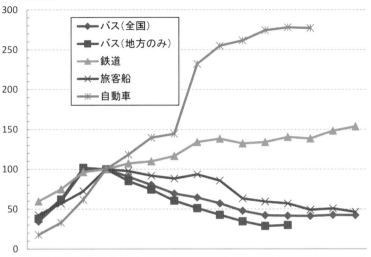

図2-4 輸送手段別の輸送人員の推移（縦軸は1970年を100とする指数）

出所：国土交通省（2022b, 2020），国土交通省海事局内航課（2022），日本バス協会（2022, 2017, 2012）より筆者作成。

図2-5 国内旅客輸送量（人キロベース）の分担率の推移

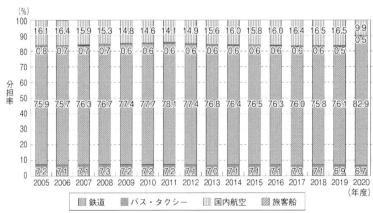

資料：「鉄道輸送統計年報」、「自動車輸送統計年報」、「航空輸送統計年報」、旅客船は海事局内航課調べから国土交通省総合政策局作成

出所：国土交通省（2022a）p.25，資料1-2-1-5。

してきたことが背景にあると考えられる。

　第2に，バスの輸送人員・シェアが急速に減少していることである。図2-4で1970年を基準年としたのは，乗合バスの輸送人員のピークが同年近辺であったことを考慮したものであるが，当時と比べて都市部を含めてもすでに輸送人員で半分，地方のみであれば4割に満たず，日常的に利用するとはいえない航空機よりもシェアが低い現状である。これまでは自家用車の普及でバスから自家用車へ需要が転換したという説明がなされていたが，自家用車の普及度合いは急速であり，自家用車への転換だけでバス需要の減少を説明できなくなっている。近年においても利用の減少に歯止めがかからないのは，需要の転換というよりも，最初から自家用車の利用・存在を前提とした世代が公共交通の利用経験がなく自家用車を利用し，自家用車の需要が純増して交通機関間の競争に敗れたバスの利用が減少しているとみるべきであろう。

　第3に鉄道の傾向である。地方部を分離したデータがないため別の統計と照らしあわせての推測であるが，都市部では人口増加にともない利用者数が維持ないし増加している傾向にある。都市部では自家用車の保有にコストがかかることや，通勤には駐車場の確保など制約が大きいことから，鉄道が利用されているものと考えられる。一方地方は，県庁所在地などの都市圏ではJRなどの営業戦略が奏功し鉄道利用が促されているものの，全体的にはバスと同様初めから自家用車に慣れ親しんだ世代が選択しないことや，人口減少もあって，利用者は減少傾向にある。両者の総和として，都市部の利用者増の傾向で微増という結果になったものと考えられる。

　なお，統計上示していないが，2019年度末から流行したCOVID-19の影響で，公共交通機関全体の利用が低迷している。緊急事態宣言などの外出制限がかかっていた時期には，2018年度までの数字の半分未満の状態という最悪の事態も経験している。徐々に戻りつつあるものの，テレワーク・ネットショッピング・宅配サービス等の普及や外出回数の抑制などもあり，2018年度以前の数字には戻らず，8割程度がやっととの予想もあり，バス・鉄道などの公

共交通は厳しい経営環境にある。

（2）貨物における交通需要のトレンド

　本書では物流に関する話題はほとんど扱わないが，参考までに貨物輸送に関する交通需要のトレンドを確認しておく。

　図2-6左側は，輸送手段別の輸送量（正確には輸送距離を乗じているのでサービスの需要量）の推移を示したものである。貨物の場合，輸送品目の重さによってモード選択が変わることもあり，たとえばトラック（自動車）は重量物の輸送や長距離輸送が多くない反面台数が多いので輸送量が大きくなる一方，船は長距離かつ重量物の輸送が多いものの隻数はトラックに比べれば少ないといった特徴があることには注意していただきたい。

　図2-6左側は輸送量（実数）の傾向であったが，輸送機関（モード）別のシェアについて示したのが図2-6右側である。

　輸送量・モード別のシェアから読み取れる，貨物交通需要のトレンドをま

図2-6 国内貨物輸送量（左図）と各交通機関の分担率（右図）の推移

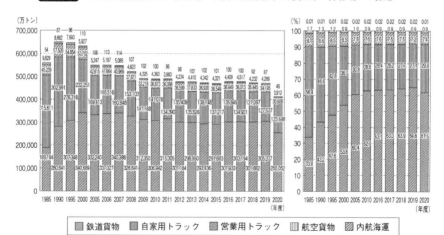

資料：「鉄道輸送統計」、「自動車輸送統計」、「内航船舶輸送統計」、「航空輸送統計」から国土交通省総合政策局作成
出所：国土交通省（2022）p.25，図表1-2-1-7。

とめると以下のようになる。

　第1に，自動車（トラック）が輸送人員・シェアとも最も需要の多いモードになっていることである。図2-6で確認するかぎり，1985（昭和60）年までは海運が最多の輸送モードであったが，次第にトラックが増加しており，シェアでみても過半数を占めるモードになっている。トラックの技術革新や販売価格の低下，高速道路網の整備などにより，海運で輸送していた長距離輸送の一部がトラックにシフトしている可能性や，宅配便・ネット通販等の普及で小口輸送が増加し，対応できるモードがトラックのみであることが急速にシェア・輸送量を増加させてきた背景にあると考えられる。

　第2に，海運の減少傾向である。依然，海運のシェアは低いとはいえないが，上述したトラックへのシフトや，輸送貨物の変化，とりわけバルク貨物の減少が影響していると考えられる。近年では，原油高や高速道路の料金割引の影響でフェリーの減便やフェリー会社の経営破たんなどもみられており，こういったことも海運の減少に影響しているものと考えられる。

　第3に鉄道の傾向である。日本は，宅配便の普及前に鉄道小荷物が小口輸送の代表的手段であったこと，郵便輸送なども含め鉄道輸送に依存していた時代があったことから，鉄道による貨物輸送が重要な時期もあった。しかし，図2-6で確認できるようにシェアがもともと高くないところに，旧国鉄のサービス悪化で顧客が離れたことから，大きくシェアも輸送量も落としている。現在は，大都市間の幹線的な輸送を担うのみになっており，それがシェア・輸送量の低さにつながっている。ただ，近年はトラックドライバーの安全規制強化（長時間運転防止）や人手不足，環境問題などを背景に，モーダルシフト（自動車から鉄道や船舶など低環境負荷のモードへシフトすること）が少しずつ進みつつあり，鉄道貨物や海運が見直されている傾向にある。

（1）交通サービス需要の決定要因

① 需要と供給の関係

　経済学において，財・サービスの需要はその財の価格と所得に影響を受けると説明されている。その関係を表したものを「需要関数」という[2]。実際には財の需要は，その財に対する満足度（効用）や他の財の価格などにも影響を受けるが，以下ではそれらは考えないことにする。

　所得は一定として，財の数量（需要量）と価格の関係を表したものが需要曲線（需要関数を図示したもの），財の生産量と価格の関係を表したものが供給曲線と呼ばれる。以下では，経済学の初歩で習ったこの2つの曲線の関係から需要について考えていく。図2-7はそれを表したものである。

　図2-7において，需要曲線（D）と供給曲線（S）の交点が1か所存在している。交点においては需要量と供給量が一致しており，市場メカニズムを前提にすれば，この交点で定まる需要量（図のQ^a）に基づき価格が決定するとされている（このときの価格を均衡価格という。図のp*）。

　この図において，たとえばp$_b$のような価格がつけられた場合，生産者（供給者）は多く生産したいと考えるが，そのような高い価格では需要が少ないため，そのまま供給されれば超過供給の状態になってしまう。このような場合は，そもそも供給量を少なくするか，価格を下げて需要を喚起する方策が採られる。

　一方，p$_a$のような価格がつけられれば，均衡価格より安いため需要サイドは多く需要したいと考える（利用希望者が増える）一方，供給サイドはそのような低い価格では供給量を多くしたいと思わないため，そのままでは超過

2　市場全体の財の需要をQ，財の価格をp，所得をYとすれば，Q＝f（p，Y）のように表せる。この数式を変形し，価格を数量側からみた関係を「逆需要関数」といい，p＝g（Q，Y）のように表すことができる。詳しいことは，ミクロ経済学のテキストを参照。

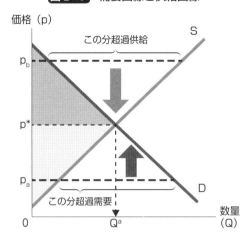

図2-7 需要曲線と供給曲線

需要の状態になってしまう。このような場合は，供給量を増加して対応する
か，価格を上げて需要を抑制する（支払意思額の低い人が利用をあきらめる
ような）方策が採られる。

②　需要の価格弾力性と時間価値

　①で，財・サービスの需要は価格と所得に影響を受けると述べた。ここで
は，需要に影響する理論的な要因として，次の2つを取り上げる。

　1つ目は，需要の価格弾力性である。これは，価格の変化に対する需要の
反応の度合いを示したものである。需要の価格弾力性には，その財の価格の
変化とその財の需要量の変化の関係をみた「自己価格弾力性」と，他の財の
価格とその財の需要の関係をみた「交差価格弾力性」がある。前者は同じ財
での比較に対し，後者はたとえばライバル企業の商品との比較といった他者
の影響をみるものである。

　どちらの弾力性も，その値が高いほど価格値上げ時の影響が大きいと判断
する。判断基準は，自己価格弾力性の場合絶対値で1より大きいか小さいか，
交差価格弾力性の場合は正か負かで判断する（詳しくは次節で説明する）。

交通については，一般に需要の自己価格弾力性は低いとされている。その理由として，交通サービスは必需性が高いため，価格が上がったからといって利用を止めにくいことが挙げられる。ただ，たとえばバスのように自家用車との競争があるため価格弾力性が高いものも存在している。

2つ目は，時間価値である。時間価値とは，節約できる時間に対する価値のことで，「機会費用」の一種である。「機会費用」とは，代わりにほかのことをすれば得られたであろう所得，言い換えれば，そのことを行ったことで得られなかった所得のことである[3]。

たとえば，学生が履修している授業の時間帯にアルバイトをすれば1,000円入るとする。この学生がアルバイトをせずにまじめに授業に出れば，この1,000円は授業に出ることの「機会費用」である。この学生は，お金が入るからアルバイトするという選択肢を採ることもできたが，その授業に出なければ損失が大きいと判断すれば（たとえば留年するなど），バイトの稼ぎよりも授業に出る（時間の）価値が大きい（あるいは授業に出る価値＝「出ないことの損失」の絶対値）と判断していることになる。

これを交通の例で考えてみよう。私たちは，特急料金・高速道路の料金をなぜ払うのであろうか。多くの人は，「時間節約のため」と答えるであろう。

では，なぜ節約するかといえば，1日は有限であり，もっている資源を有効配分する必要があるからにほかならない。つまり，この節約する時間は「価値」になるのである。まさに「時は金なり」であり，節約する時間の価値が支払う料金より大きいと判断するとき，料金を払うのである。

機会費用と時間価値の考え方は，財の需要の決定要因であると考えることもできる。財の需要の決定要因として価格と所得を挙げたが，所得を稼ぐには労働に時間を使わないといけない。先にも述べたとおり1日は有限であり，現実的には24時間働くことはできないので，人間は有限の時間を余暇と労働

3　「費用」と書いているにもかかわらず「所得」となっているのは，失った所得を「費用」と考えるからである。

に配分して人生の満足度（効用）を最大化する行動を行っていると考えることができる。この余暇を時間，労働を費用と取れば，今の機会費用や時間価値の考え方につながる。したがって，余暇を多くとるために労働（交通の場合は移動とみてよい）にコストをかけてでもその時間を短くし，そこに価値を見いだしているのである。

　ちなみに，交通の需要予測では，たとえば鉄道の新線建設などで移動時間節約の価値（時間価値）を測ることがあり，節約時間と単位時間価値の積で近似している。この単位時間価値はいくつかの測定方法（所得接近法，選好接近法など）があり，国土交通省のプロジェクト評価マニュアルによれば，毎勤データ（所得や労働に関する全国統計）から算出した2010年度の全国平均では36.2円／分（所得接近法）とされている[4]。

③　実際面の決定要因

　理論面での決定要因をいくつか指摘したが，現実の交通需要はさまざまな要因に左右されている。上述した所得は経済状況に，価格は生産技術，競争環境，企業の生産性に左右される。また，その他の社会事情（政策，環境など）に左右されることも少なくない。以下では，現実にみられる需要トレンドの変化要因について整理しておく。

　1つ目は，利用者側の変化である。たとえば，顧客ニーズの多様化や生活スタイルの変化といった，需要の高度化がある。時間節約，在庫管理，快適性，利便性などニーズは多様化しており，それにあわせて人流・物流双方の提供サービスは変化している。また，たとえば高校生が課外授業や部活動により通学・帰宅時間が多様化し，既存のバスが対応できないといった利用可能性の変化もみられる。また，生活水準の変化の影響も大きい。所得水準の向上により自動車が普及したほか，運賃の低下で高速交通の利用が容易になった。居住スタイルの変化もあり，多地域居住や地方居住などが通勤通学輸

4　国土交通省鉄道局監修（2012）p.110, 表1.10より。

送に影響を及ぼしているケースもある。

　2つ目は，交通サービス提供側の変化である。高速道路，空港，新幹線といった高速交通インフラ整備が交通需要を変えたところも少なくない。また，都市部での鉄道新線の整備で，居住誘導も含めた需要の変化がみられるケースもある。また，交通事業における競争環境の変化が需要に影響をもたらすことも少なくない。自動車の普及により需要が自家用車にシフトし，公共交通の利便性低下を招いているほか，他モードとの競争で航空運賃が低下し需要構造を変えているケースもみられる。

　3つ目は，社会経済環境の変化である。航空機・鉄道の高速化，トラックの低価格化と普及，船舶の大型化・高速化などといった輸送技術の変化は，前述したように需要構造を変化させている。また，重厚長大から軽薄短小，内製から輸入，資源の変化（石炭から石油），といった産業構造の変化も，輸送する財や輸送形態の変化に影響を与えている。

　これら述べてきたことは代表例であるが，理論面だけでなく現実面の需要トレンドの変化を多面的にみていかないと，需要に対するトレンドを読み誤り，対応を誤る可能性があることは注意すべきである。

（2）交通需要の価格弾力性

　交通需要に影響する要因は，これまで述べてきたとおり多岐にわたっている。ここでは，そのなかでも大きな要因である価格面について，その影響を定量的に把握する指標である需要の価格弾力性について，数値例も交えながら詳しくみていくことにする。

①　需要の価格弾力性とは

　これは，価格の変化に対する需要の反応の度合いを示したものである。具体的には，需要の変化率を価格の変化率で除したものである。これには，2つの指標がある。

　1つは，需要の「自己価格弾力性」である。これは，ある1つの財につい

て，その価格を変化させることで需要にどのような影響があるかをみる指標である。定義式は以下のとおりである。

$$\varepsilon_{ii} = -\frac{需要の変化率}{価格の変化率} = -\frac{(q_1^1 - q_1^0)/q_1^0}{(p_1^1 - p_1^0)/p_1^0} = -\frac{\Delta q/q}{\Delta p/p}$$

　ここで，変化率＝（変化後―変化前）÷変化前であり，数式中の右肩（右上）の0＝変化前，1＝変化後である（右下の1は財の種類を表すが，ここでは同じ財についてみるので無視してよい）。またΔ（デルタ）は変化量（変化後―変化前）を示す記号である。正常財の場合，価格の変化と需要の変化は逆の符号をとるので（価格が上がれば需要が減る），絶対値にするためマイナスがついている。この値が1より大きいか否かで財の特性を判断し，1より大きい場合「需要は価格に対して弾力的（価格弾力性が高い）」，1の場合は「需要は価格に対して中立」，1より小さい場合「需要は価格に対して非弾力的（価格弾力性が低い）」である。たとえば1より大きい場合，価格弾力性が高く，需要が価格に敏感に反応する財であるから，値上げすると需要が大きく減ることになる。

　もう1つは，需要の「交差価格弾力性」である[5]。これは，他の財の価格とその財の需要の関係をみたもので，たとえばライバル企業の商品が値上げしたら自社の商品の需要にどのように影響するか，といった他者の影響をみるものである。定義式は以下のとおりである。

$$\varepsilon_{ji} = \frac{ある財の需要の変化率}{他の財の価格の変化率} = \frac{(q_1^1 - q_1^0)/q_1^0}{(p_2^1 - p_2^0)/p_2^0} = \frac{\Delta q_1/q_1}{\Delta p_2/p_2}$$

　今度は，符号の正負も含めて判断基準になるため，マイナスがついていな

5　テキストによっては「交叉」と書くものもあるが，どちらでも構わない。

いことに注意してほしい。また，比較する財が2つになるため，数式中の右下の数字（財の種類を表す）が異なることにも注意が必要である。自己価格弾力性とは異なり，判断基準はこの値が正か負かである。正であれば2つの財の関係は粗代替財，つまり乗り換えが起きてしまう財になり，負であれば粗補完財すなわち相互補完の関係にある財であることがわかる。

② 判断基準

　定義式は上述のとおりだが，需要への影響を直感的に理解するため，ここでは需要の自己価格弾力性を例にして，図による解説を行う。

　図2-8は，2つの異なる性質を持つ財の需要曲線を図示したものである。

　結論を先に述べれば，左は弾力性が高い（弾力的な）財であり，右は弾力性が低い（非弾力的な）財である。なぜそのようなことがいえるのか，以下で説明する。

　図の縦向き実線（左と右で同じ大きさ）のように値段を上げた場合を考える。左の図のような需要曲線をもつ場合，この価格の上昇により，元の需要曲線に戻ろうとすれば大きく需要を減らさないといけない。つまりこの価格の上昇で大きく需要が減少していることがわかる。一方，図2-8の左と同じ価格変化に対して，需要はそれほど大きくは減少していないことがわかる。これを①の定義式で計算すれば，左は1以上であり，右は1未満になることも確認できるであろう[6]。

　図2-8の左図のような財は，価格の変化に需要が反応しやすい財で，一般的にはぜいたく品など生活必需品ではない財，あるいはライバル・代替品がある財（正確には交差弾力性の計算が必要だが）などが該当する。このような性質の財は，値下げ時の効果が大きい一方でちょっとした値上げにより需要が大きく落ちるため，価格の調整を慎重にするべきである。一方，図2-8

6　この図の場合は，実線と点線の矢印の長さを比較しても同じ結果（説明）にはなるが，そのような比較はしないよう注意してほしい。

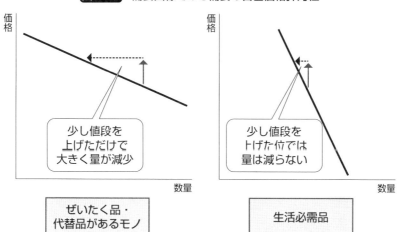

図2-8　需要曲線でみる需要の自己価格弾力性

の右図は価格が上がったとしても利用を止めにくい財で，必需品が該当する。このような財は値上げしても大きく需要を減らすことはないが，価格負担力の低い人に大きな負担を与える可能性もある（逆弾力性ルール）。

③簡単な計算例

　最後に，①で示した定義式を用いて，数値例を示すことで，需要の価格弾力性の理解の一助としたい。

【例題】ある交通事業者は経営が厳しく，バスサービスの価格を100円から200円に値上げしたところ，利用者数（需要）が1,000人から800人に減少してしまった。このバスサービスは価格に対して弾力的かどうか求めなさい。

［解説］
　価格変化率＝（変化後の価格－変化前の価格）／変化前の価格　より
　　価格変化率＝（200－100）／100＝1 ……①

需要変化率＝（変化後の需要－変化前の需要）／変化前の需要　より

　需要変化率＝（800－1000）／1000＝－0.2……②

　①②より

　価格弾力性 ε ＝－需要変化率／価格変化率

　　　　　　＝－（－0.2）／1

　　　　　　＝0.2

　価格弾力性は1より小さいため，この交通サービスは価格に対して非弾力的である（答）。

　この場合，値上げの度合いは2倍であったが，それほど乗客が逸走しなかったため，値上げの影響は小さかったと判断できる。

　このように，需要の価格弾力性を用いることで，価格戦略の設定や需要トレンドの把握に有益であることが理解できる。ただし，需要の価格弾力性の計算には価格データと需要データの把握が必要で，あくまでも過去の実績値での判断しかできないという限界があることには注意してほしい。

第4節　交通需要予測の意味と課題

　交通サービスの提供，とりわけサービス提供を支えるインフラの整備に当たっては，本当にそのインフラを整備する必要があるのかを客観的に判断する必要がある。インフラ整備の必要な要因については，たとえば天災等への対策といった要因も考えられるが，需要への対応という要因も重要な要因の1つである。以下では，交通サービスの需要予測について取り扱う（需要予測の手法については第13章を参照されたい）。

（1）交通の需要予測について

　上述のとおり，インフラ整備が必要とされる要因の大きなものとして，交通需要への対応がある。そこで，その判断を行うべく，交通サービスの需要を測定する必要がある。しかし，その需要は，現在の需要量のみならず，将

来にわたる需要量の予測も必要になる。では，なぜ交通需要の予測が必要なのであろうか。

　まず，インフラ整備という政策の実行を決定・採択する，つまり投資するという意思決定のためである。たとえば，道路を新しく整備する場合，現在のインフラで現状の交通需要がどの程度充足され，あるいは将来においてどの程度不足しているかを確認することは重要である。現状においてすでに不足している場合は早急に整備を求められることが多いが，たとえば将来的に需要が減少する場合は整備後の維持管理等の負担が大きくなり，新規の整備は不要という判断になるかもしれない。逆に，将来の人口等を見据えると将来的には現在のインフラでは需要を満たせないとなれば，整備が必要という判断になるかもしれない。交通サービスのインフラは，鉄道のように自社で投資する場合を除けば多くは公共が所有していることから，その財源は公的資金（税）であり，資金を有効に使っているかを政府・自治体は説明する必要がある。そこで，整備の必要性，すなわちこの過不足の判断を行ううえで，需要量の予測は不可欠である。

　もう1つは，投資の代替案との比較に不可欠であるという理由である。たとえば，道路を新しく整備するに当たって，道路の車線数を決定する必要がある。そのとき，将来の需要予測によっては，ある時期に需要が多くなるとしても投資額を抑制して少ない車線数で整備することも考えられる。また，先行投資すべきとの判断で多い車線数で整備することも考えられる。政策は唯一の案で決定するとは限らず，予算制約のなかでいくつかの案を比較検討して適切な投資を決定することが行われる。こういった，代替案との比較も含めた投資内容の判断基準に，交通の需要予測は必要なのである。

　こうした必要性から需要予測が行われるが，その予測は当然なるべく正確な予測であることが必要である。たとえば，交通におけるインフラ整備は，投資額が大きく，整備期間・使用期間が長くなるものが多い（高速道路，新幹線など）。特に，長期にわたる投資であるということは，期間中に社会経済情勢が変化するなど，不確実性が避けられない状況にある。したがって，

整備が終わった後には需要が少ないとなれば，整備前の予測が「過大予測」だったのではないかとの懸念が出ることが考えられる。そのため，そういった懸念を払拭すべく，分析の正確性とともに，透明性・再現性が求められるのである。

（2）交通の需要予測の方法

　ここでは，実際の交通の需要予測でどのようなことが行われているのかを簡単に説明する。

　交通の需要予測でよく用いられる方法として，「四段階推定法」という手法がある。工学（土木計画・交通計画）のテキストでは，数学的手法を用いてこの手法について細かい解説がなされており，実際の予測もこれらの分野で行われることが通例である。ただ，本書の対象が文科系で数学に親しみの薄い層であることを考慮し，ここではポイントのみの説明にとどめる。

①　推定前の準備

　ここでは，ある2つの地域（以下に示す図に倣って，i地区とj地区としておく）の間の交通需要を予測するケースを考える。

　需要を推定する前に，このi・j両地区におけるトータルの交通量を把握する必要がある（これを生成交通量という）。生成交通量の推計は，1人当たりトリップ数（属性別）に将来人口を乗じたもので推計される。

　次に，ゾーニングと呼ばれる予測対象地域の分割を行う。これは，今回の需要予測の影響がある地域をあらかじめ設定するもので，通常は対象地域と，域外で影響のある地域を加えたものを地域設定する。

②　実際の推定ステップ

　実際の推定は，推定法の名称の由来である以下の4段階で行われる。

　第1段階では，発生・集中交通量の推計を行う。これは，各ゾーン（地区）に発着するトリップ数を，先の生成交通量のなかから分離するものである。

図2-9　4段階推定法の概念図

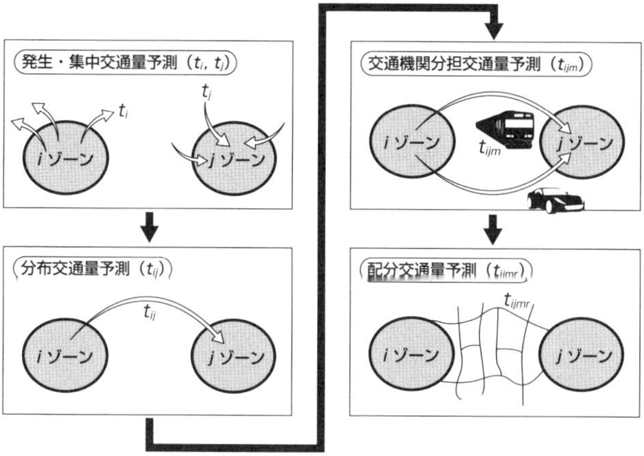

出所：山内・竹内（2002）p.93の図2-13より筆者作成。

　第2段階では，分布交通量の推計を行う。今回対象とする2つのゾーンについて，同一域内およびゾーン間の交通量を，第1段階で推計した発生・集中交通量から分離して，ゾーン間の「ODペア」（O = Origin ［出発地］，D = Destination ［目的地］の略）をつくる。

　第3段階では，交通機関分担交通量の推計を行う。たとえば，東京と大阪の間の移動を考えると，新幹線，在来線，航空機，高速バスなど複数の移動手段が存在する。このように，ゾーン間の移動で複数の交通機関（モード）が存在することを考慮し，各ODペアでどのモードを使っているかを調査し，第2段階で推計した分布交通量からモードごとに配分を行う。ただ，実際の分析においては，所要時間等で移動手段の選好比率が変わることを踏まえ，所要時間等で分布交通量を案分することもある。

　最後の第4段階では，配分交通量の推計を行う。たとえば，ゾーン間でいくつかの経路パターン（ネットワーク）がある場合は，それぞれの交通機関ごとの交通量をネットワークに割り振るという作業を行う。

　以上の4段階を概念図で説明したものが図2-9である。

（3）交通の需要予測における課題と実態

① 需要予測の課題

先に，交通の需要予測においては，なるべく正確であることが求められることを述べた。技術革新や研究蓄積が進み，需要予測の精度も上がってきているとはいえ，依然として課題がないわけではない。ここでは，3つの課題について述べる。

1つ目は，不確実性への対応である。需要予測は，推計した時点においての将来の予測であり，推計時と設定した将来の間に大地震・台風のような天災，経済状況の変化など，突発的なリスクの発生が起きないとはいえない。このような不確実性については，たとえば不確実性の発生可能性をリスク要因として含めたうえで確率的に考慮したモデルも存在しているが，あくまで計算上の結果にすぎないため，正確性あるいは不確実性への対応は100％できるということはなく，限界はあることは認識しておく必要がある。

2つ目は，予測結果の変動リスクである。たとえば，空港の施設拡張や整備における需要予測では，その際用いられる需要予測の計算式に社会経済に関する変数（要因）や交通機関の運賃など，さまざまな変数が含まれている。しかし，たとえば経済成長率や人口成長率についてはいくつかの予測（分析）結果が存在するため，高めの成長率を入れるか低めにするかで結果は大きく変動する。また，影響の及ぶ範囲の設定についても，とりわけ間接効果の影響範囲の広狭によっては予測結果が大きく変わることもありうる。これらの変数のなかには，航空機の実勢運賃など，必要な変数（指標）が公開されていないためにやむを得ず正規運賃で計算して予測結果が過大になるケースもあるが，こういったことは極力避けねばならない。そうでなければ，「過大予測」の懸念を払拭できないからである。

3つ目は，分析の限界を理解する必要があるということである。先に述べた不確実性への対応も分析の限界の1つであるが，最も大きい限界ともいえるのが，マイナスの効果になることが少ないということである。場合によっ

ては，2点目で述べた採択する変数いかんによって，需要予測の結果が変動して，マイナスであったものがプラスに転じることすらありうる。需要予測の推計は，「建設ありき」「結果ありき」で行うものではない。こういった結果前提の推定は行うべきではない。

② 需要予測の実際—福岡空港の例

　ここでは，交通の需要予測が実際どのように位置づけられ，結果がどうなっているのかについて，福岡空港の滑走路増設の例を紹介する。

　福岡空港の滑走路増設に当たっては，増設を検討する協議会において需要予測の必要性が検討されている。以下の図2-10は，その資料の抜粋であるが，検討内容として需要予測が重要な内容として位置づけられていることが確認できる。

　この需要予測においては，「航空需要予測の精査」が検討項目として挙げ

図 2-10 福岡空港の構想・施設計画における検討内容資料

航空需要予測の精査	滑走路等の配置の検討
● 予測モデルの修正 ● 使用データの確認 ● 予測値の検証 ● 代表値の選定	● 滑走路、誘導路平面配置の検討 ● 縦横断勾配、用地造成高さの検討 ● 航空保安施設の検討
施設配置計画及び拡張用地規模の検討	航空機騒音の影響
● 施設配置の基本方針 ● ターミナル施設ゾーニングの検討 ● 用地拡張規模の検討	● 騒音予測コンター図作成の前提条件 ● 騒音予測コンター図の作成・検証
事業費・工期の検討	費用便益分析
● 施工方法及び施工手順の概略検討 ● 工事工程の検討 ● 概算事業費の検討	● 分析手法・前提条件の確認 ● 分析結果の検証

出所：国土交通省九州地方整備局港湾空港部（2012）p.6。

られている。具体的には，航空需要予測のモデルに含まれる変数である，経済成長率や人口予測について，どのように考えるべきかが検討されている。図2-11は該当部分の抜粋であるが，人口予測，経済成長率のいずれも，1つのシナリオ（水準）だけではなく，いくつかのシナリオを比較検討していることが理解できる。

こういった社会経済状況の予測結果を踏まえて，実際の航空需要予測においては，上位・中位・下位という3つのシナリオ（推計結果）を導出して検討を行っている。たとえば，上位シナリオの予測は経済成長率・人口予測・航空路線の就航度合いとも高めの結果を組み合わせているが，下位シナリオではかなり低めかつ限定的にして推計している。このときの予想結果を確認すると，2008年実績1,682万人をベースにして，2017年予測では下位シナリオ1,812万人，上位シナリオ1,958万人であり，2032年には下位1,964万人，上位では2,293万人という結果になっている。経済成長率や人口予測におけるわずか数パーセントの差が，100万人から300万人にわたる差になって表れており，先に述べた変動リスクが表れていることが確認できるであろう（検討結果を図2-12に掲載した）。

ちなみに，この分析の6年前にも同様の需要予測を行っているが，そのときの2017年の予測値は，下位2,124万人，上位2,438万人であり，2032年は下位2,538万人，上位は3,522万人であった。2008年にリーマンショックが起きていることから，図2-12の予測ではそれを反映して経済成長などの数値を低めに設定し直したものと推察されるが，6年間で最大約600万人下方修正されており，経済成長率の航空需要予測に及ぼす影響が確認できるであろう。

図2-11 福岡空港の需要予測にかかる要因（変数）の検討（抜粋）

福岡空港の需要予測の前提となる要因

■社会経済の状況

日本国内　日本の人口は徐々に減少する一方、福岡市の人口は2025年頃までは増加すると見込まれます。
日本は年率1%前後の経済成長が続くと見込まれます。

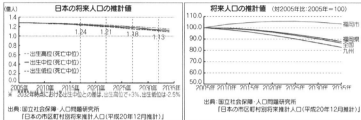

日本の将来人口の推計値
将来人口の推計値 （対2005年比：2005年＝100）

出典：国立社会保障・人口問題研究所
『日本の市区町村別将来推計人口（平成20年12月推計）』

ケース別の日本のGDPの対前年伸び率 （単位：%）

年度	08	09	10	11	12	13	14	15	16	17	18	19	20	21	22	23～32	32/08
世界経済急回復シナリオ	▲3.7	▲2.6	1.4	4.7	3.5	3.5	2.3	2.4	1.4	1.8	1.2	1.5	1.2	1.5	1.4	1.9	1.55倍
世界経済順調回復シナリオ	▲3.7	▲2.6	1.4	2.2	3.2	2.6	2.0	1.7	1.8	1.4	1.3	1.2	1.1	0.9	1.2	1.2	1.36倍
世界経済底這い継続シナリオ	▲3.7	▲2.6	1.4	▲0.6	0.6	1.0	1.0	1.0	1.0	0.9	0.8	0.7	0.4	0.5	0.6	0.7	1.15倍

出典：平成20年度国民経済計算確報・支出側系列等）の推計値の訂正について（2009年12月7日　内閣府）
平成22年度の経済見通しと経済財政運営の基本的態度（2009年12月25日　閣議了解）
中長期の道ゆきを考えるための機械的試算（2009年6月23日　内閣府）

海　外　アジア諸国では、今後も高い経済成長が続くと見込まれます。

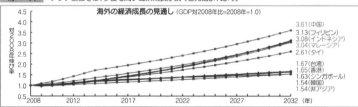

海外の経済成長の見通し（GDP対2008年比=2008年=1.0）

3.61（中国）
3.13（フィリピン）
3.08（インドネシア）
3.04（マレーシア）
2.61（タイ）
1.67（台湾）
1.65（香港）
1.63（シンガポール）
1.54（韓国）
1.54（非アジア）

海外のGDPの対前年伸び率 （単位：%）

年	08	09	10	11	12	13	14	15	16	17	18	19	20	21	22	23	24	25	26	27	28	29	30	31	32
香港	2.4	-3.6	3.5	4.0	4.3	4.3	4.3	2.1	2.0	2.0	2.0	2.0	2.0	1.9	1.9	1.9	1.7	1.7	1.7	1.7	1.7	1.7	1.7	1.7	1.7
台湾	0.1	-4.1	3.7	4.2	4.8	5.0	5.0	2.1	2.0	2.0	2.0	2.0	2.0	1.9	1.9	1.9	1.7	1.7	1.7	1.7	1.7	1.7	1.7	1.7	1.7
韓国	2.2	-1.0	3.6	5.2	5.0	4.7	4.5	1.5	1.3	1.3	1.2	1.2	1.2	1.2	1.1	1.1	1.1	1.1	1.1	1.1	1.1	1.1	1.1	1.1	1.1
中国	9.0	8.5	9.0	9.7	9.8	9.8	9.5	4.5	4.4	4.4	4.4	4.4	4.2	4.2	4.2	4.2	4.2	4.0	4.0	4.0	4.0	4.0	4.0	4.0	4.0
マレーシア	4.6	-3.6	2.5	4.1	5.5	6.0	6.0	5.6	5.5	5.4	5.4	5.4	5.2	5.2	5.2	5.2	5.0	5.0	5.0	5.0	5.0	5.0	5.0	5.0	5.0
インドネシア	6.1	4.0	4.8	5.0	5.5	6.0	6.3	4.9	4.8	4.7	4.7	4.7	4.6	4.6	4.6	4.6	4.5	4.5	4.5	4.5	4.5	4.5	4.5	4.5	4.5
シンガポール	1.1	-3.3	4.1	4.3	4.1	4.6	4.6	2.1	1.8	1.8	1.8	1.8	1.8	1.7	1.7	1.7	1.6	1.6	1.6	1.6	1.6	1.6	1.6	1.6	1.6
タイ	2.6	-3.5	3.7	4.5	5.0	6.0	6.0	4.4	4.3	4.3	4.3	4.3	4.2	4.2	4.2	4.1	4.1	4.1	4.1	4.1	4.1	4.1	4.1	4.1	4.1
フィリピン	3.8	1.0	3.2	3.8	4.5	4.5	5.5	5.5	5.5	5.5	5.3	5.3	5.3	5.2	5.2	5.1	5.1	5.1	5.1	5.1	5.1	5.1	5.1	5.1	5.1
非アジア	0.4	-2.7	1.5	2.8	2.6	2.5	2.1	2.1	2.0	2.0	2.0	2.0	2.0	1.9	1.9	1.8	1.8	1.8	1.8	1.8	1.8	1.8	1.8	1.8	1.8

実績値（World Economic Outlook Database,October2009(IMF)より）
予測値（World Economic Outlook Database,October2009(IMF)より）
予測値（Global Economic Prospects2009（世界銀行），World Population Prospects:The 2008 Revision Population Database（国連）より）
2030年から一定

出所：国土交通省九州地方整備局港湾空港部（2012）p.8。

図2-12　福岡空港の需要予測検討結果（抜粋）

航空需要予測のケース設定と前提条件

■需要予測のケース設定

航空需要は経済情勢の影響を受け易く、特に福岡空港は国内旅客の占める割合が高いことから、今回の需要予測では、内閣府の「中長期の道ゆきを考えるための機械的試算（2009/6/23）」に示された日本の経済成長率の予測の幅を基に、「上位ケース」、「中位ケース」、「下位ケース」の3ケースを設定しました。また、航空ネットワークも同様に経済情勢の影響を受け易いことから、上位ケースでは航空路線を追加設定し、下位ケースでは路線数を減じることとしました。なお、人口等のその他の諸条件はいずれのケースも同様と設定しました。

■需要予測の前提条件

国内旅客・国際旅客・発着回数

	ケース		上位ケース	中位ケース	下位ケース
前提条件	使用データ	国内	第4回（2005年）全国幹線旅客純流動調査 航空輸送統計年報（2008年度）、空港管理状況調書（2008年度）他		
		国際	出入国管理統計（2008年度まで）、国際航空旅客動態調査（2007年度）、空港管理状況調書（2008年度）他		
	ゾーン区分	国内	446ゾーン（北部九州を中心に九州を細分化）		
		海外	32ゾーン（中国を細分化）		
	予測年次		2017年度、2022年度、2027年度、2032年度		
	人口	国内	国勢調査（2005年）を基とした最新の将来人口の予測値を市区町村別に採用。（国立社会保障・人口問題研究所「日本の市区町村別将来推計人口（平成20年12月推計）」）		
	経済成長率	国内	・2008年度は内閣府による確定値（2009/12）を採用。・2009、10年度は「平成22年度の経済見通しと経済財政運営の基本的態度（2009/12）」を採用。・2011～2023年度は内閣府の「中長期の道ゆきを考えるための機械的試算（2009/6）」を採用。・2024年度以降は、2023年度の対前年伸び率で一定と設定。		
			世界経済 急回復シナリオ	世界経済 順調回復シナリオ	世界経済 底ばい継続シナリオ
		海外	・2014年までは「World Economic Outlook Database, Octorber,2009(IMF)」より設定。・2015年以降は「Global Economic Prospects（世界銀行）」などを基に地域別に設定。		
	為替レート		2014年まで「World Economic Outlook Database, Octorber,2009(IMF)」を基に各通貨の対円レートを設定し、2015年以降は2014年の値で一定と想定。($1＝¥88.5　¥100＝6.9円)		
	航空路線	国内	・2009年10月時点の就航路線 札幌、仙台、成田、羽田、新潟、小松、松本、静岡、中部、小牧、関西、伊丹、出雲、徳島、高知、松山、対馬、五島福江、天草、宮崎、鹿児島、那覇、石垣 ・2009年12月時点の就航、撤退表明路線（＋神戸2往復）	・2009年10月時点の就航路線 ・2009年12月時点の就航、撤退表明路線	中位ケースから、神戸（2往復）を除く
		国際	中位ケースに、中国吉林、中国西部、中国北京天津直行、マレーシア、インドネシア方面を追加（注）	・2009年10月時点の就航路線 ・2009年12月時点の就航、撤退表明路線（釜山＋1往復）上海、中国北京天津、中国山東、中国上海、中国広東、韓国、台湾、香港、フィリピン、タイ、ベトナム、シンガポール、グアム	中位ケースから、釜山を1往復減
	他空港の発着枠		＜羽田＞国内線37.7万回/年、国際線6万回/年（昼間3万回＋深夜早朝3万回）＜成田＞30万回/年　＜伊丹＞ジェット200回/日、プロペラ170回/日　＜神戸＞60回/日		
	航空機材	国内	・本邦大手航空会社の保有機材の変化を反映し、小型化を想定（大型機構成率：30.8%（2008年）→21.3%（2017年度））		
		国際	2006～2008年の就航機材と同等と想定。但し、中国上海方面は旅客数の大幅な増加が見込まれるため、旅客数に応じて現在の韓国方面と同等まで大型化すると想定。		
	他の交通機関		・鉄道：2009年10月時点の鉄道線に加え、整備新幹線や中央リニアの開業を考慮。（2010年度まで：新八代、八戸～新青森、2014年度まで：長野～金沢、2015年度まで：新青森～新函館、2017年度まで：武雄温泉～諫早、2025年度まで：品川～名古屋）・道路：2009年10月時点の道路線に加え、整備予定の高規格幹線道路を考慮。		

(注) 過去に福岡空港において就航実績があり、かつ現在関西空港等にも就航しているアジア方面を追加。

航空需要の予測結果

■旅客数（国内、国際合計）

● 国内線、国際線を合わせた旅客数の2008年度の実績は、年間1,682万人。
● 需要予測の結果は、2032年度は上位ケースで2,293万人、中位ケースで2,137万人、下位ケースで1,964万人。
● 2032年度中位ケースを例にすると、国内線1,700万人（2008年比1.15倍、年平均伸び率0.6%）、国際線436万人（2008年比2.14倍、年平均伸び率3.2%）、計2,137万人（2008年比1.27倍、年平均伸び率1.0%）。

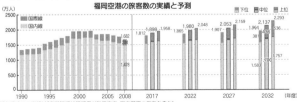

福岡空港の旅客数の実績と予測

※ 2008年度までの実績は「空港管理状況調書」（無償旅客・不定期便の旅客を含む）。
※ 予測値は空港管理状況調書2008年度の実績に基づき、下表の値に無償旅客・不定期便の旅客を追加。
※ 四捨五入の関係で内訳と合計が一致しないことがある。

出所：国土交通省九州地方整備局港湾空港部（2012）pp.10,16。

第3章

交通サービスの供給費用

Learning Points

・交通サービスの特徴を費用という観点から理解する。
・交通サービスの供給費用の構造や特性を理解し，企業の供給費用が企業の行動や政府による規制政策に及ぼす影響を考える。
・企業が直接的にかかわり，金銭的に表すことのできる費用のみならず，企業行動や政府の政策上，重要な費用の概念も理解する。

Key Words

機会費用，短期，長期，可変費用，固定費用，結合費用，共通費用，回避不可能費用，回避可能費用，増分費用，埋没費用，総費用，限界費用，平均費用

本章は，交通サービスの供給費用の構造や特性を理解することを目的とする。生産にかかる企業の供給費用の特性は，企業が生産する財やサービスの供給量の決定や利用者に要求する運賃・料金の決定のための重要な要因となる。また，企業の持つ生産技術により規定される供給費用は，市場における企業行動・戦略，政府による規制政策・競争政策を決める際の重要な指針を与えるものとなる。そこで交通政策にとって特に重要だと思われるミクロ経済学の費用概念について説明し，本章以降で実際に行われるさまざまな交通政策の背景にある理論を学習する。　また，費用のなかには企業や個人が直接的にかかわり，金銭的に表すことのできるもの以外にも重要な費用の概念がある。そのような費用についても説明を行う。

第1節　交通サービスの供給費用の分類[1]

（1）なぜ費用を考えるか

交通事業に限らず，企業の供給費用の構造や特性を理解することは重要である。なぜなら生産にかかる企業の供給費用の特性は，企業が生産する財やサービスの供給量を決定するため，または利用者に要求する運賃・料金を決定するための重要な要因となるためである。また，企業のもつ生産技術により規定される供給費用は，市場における企業行動・戦略，政府による規制政策・競争政策を決める際の重要な指針を与える。ここでは鉄道事業やバスサービスなどを例に挙げながら，交通政策にとって特に重要だと思われるミクロ経済学の費用概念についてまとめ，4章以降の議論の基礎づけを行う。

（2）機会費用

まずは，交通政策を考える際に重要な費用概念である機会費用の考え方か

1　第1節の記述は中山（2011）に負うところが大きい。

らみていく。機会費用は経済学における費用概念であり，その考え方は通常われわれが想像する費用とは異なるものである。たとえばある商品を1,000円で仕入れたとしたら，それがそのまま1,000円という費用になる。実際，帳簿にも1,000円と記載される。このような費用を会計学的費用という。しかし，経済学における費用はこのような会計学的費用とは異なる考え方をする。たとえば，ある商品を購入するという意思決定をした場合，われわれはいくつかある選択肢のうち1つを選んでいる。つまり，選ばなかった選択肢を犠牲にしているということになる。この犠牲にした選択肢それぞれから得られる利益のうち最も高いもののことを機会費用という。これが経済学における費用となる。より正確には，「ある対象X（＝資金・労働者・生産設備など）をある用途Yに用いる機会費用」とは，「XをY以外の用途に用いた場合に得られる金銭的利益の最大値」ということになる。

　たとえば，鉄道会社が車両を購入する場合を考えてみる。銀行からの借入金で購入する場合には利子支払いが発生し費用となる。次に，鉄道会社の自己資金で購入する場合にはどうだろうか。自社の資金で購入しているのだから費用は発生しないと思うが，自己資金を車両購入に用いたということは，この資金を他の用途に用いることを犠牲にしたという考え方もできる。この考え方が機会費用の考え方である。もし犠牲にした用途のなかで車両の購入よりも銀行にその資金を丸々預けた際につく利子の方が高い利益を上げられるのであれば，銀行に預金として預けていたときの利益である利子収入が機会費用となる。

　機会費用の考え方は，交通政策において頻繁に用いられるものである。道路混雑の費用を計算しようとする際に，渋滞にはまることによる時間のロスを金銭的費用に換算するには，トラックやバス，乗用車など交通機関ごとの時間価値という機会費用の概念を用いる。また，新たな道路整備により交通事故による死者が減ることによる便益を計算する際には，交通事故による死亡1人当たりの損失額は，仮に生きていれば得られたであろう所得（これを逸失利益という）をベースに計算する。これも機会費用の考え方を応用した

ものである。

（3）可変費用と固定費用

　企業が財・サービスの生産に当たって労働，資本，土地などの投入される資源のことを生産要素という。たとえば，鉄道会社が旅客輸送サービスを生産するときには，資本（線路や車両など），労働（運転手や駅員など），エネルギー（電気や重油など）のような生産要素を投入して生産を行う。ここで投入される生産要素のことを投入物（インプット）といい，生産される財・サービスを産出物（アウトプット）または生産物といい，産出物や生産物の量を生産量という。この投入物を企業がどれだけ利用できるかは，企業を取り巻くさまざまな条件の変化に対して，どれだけの時間をかけて適応できるかに依存しており，その期間に応じて，短期と長期を区別して考える。

　短期とは生産要素のうち，その投入量が変更できないものが１つでもある期間のことを指す。短期において投入量が変更できない生産要素のことを固定的生産要素と呼ぶ。その例として鉄道線路や駅などの施設や設備，空港の滑走路が挙げられる。この固定的生産要素にかかる費用は，生産量の大小にかかわらず（生産量がゼロであっても）一定となり固定費用（Fixed Cost：FC）という。投入量を変更できる生産要素は可変生的産要素と呼ばれ，労働やエネルギーなどがその例である。可変的生産要素の投入にともなってかかる費用を可変費用（Variable Cost：VC）と呼び，固定費用とは異なり生産量が増加するにつれて増加する。総費用（Total Cost：TC）とは，ある生産量qを実現するのに必要な費用の総額を表わす。総費用曲線は，生産量qが変化すると総費用がどのように変化するかを表わす曲線である。ここで短期総費用（Short Run Total Cost：STC）とは，固定費用と可変費用を加えたものである。

　一方，長期とは固定的生産要素が存在せず，すべての生産要素の投入量を変更することができる（つまり，生産要素がすべて可変的生産要素である）期間のことである。長い期間でみるとすべての費用は変動的（＝可変的）で

あるため，長期には固定費用が存在せず，すべて可変費用となる。しかし，期間を短くするにつれて固定的性格が強くなる。

　短期と長期という区別に決まった期間はなく，どの程度の期間が短期で，どの程度の期間が長期であるかは，個々の企業や産業ごとに異なる。交通産業のなかでも鉄道は，新たな路線を作ろうとすると，土地の買収や線路や配線の設置，車両の購入，駅舎の建設などには数十年という非常に長い時間を要するため，すべての投入要素が可変的生産要素となる長期と呼ばれる期間は長い。一方で路線バスの場合，新たな路線を走らせる際に必要な生産要素は運搬具である車両の購入であり，通路となる道路は自らが新たに設置する必要がないため，すべての投入要素が可変的生産要素となる長期という期間は短くなる。

　短期と長期の総費用をグラフで確認してみたい。図3-1は縦軸に総費用TC，横軸に生産量qをとって生産量と費用との関係を描く総費用曲線のグラフである。ここでは生産量qが増加するに従い，総費用がどの程度増加していくかを表わしている。まず左側の（a）のグラフにおいて，固定費用は生産量が増加してもその投入量が一定の生産要素であるので，図中のD点の高さ（0D）で示される。これは図中のD点から水平に伸びる点線のように，生産量が増加してもその大きさは変わらず一定である。一方，可変費用は生産量の変化にともない変化する費用である。図中では生産量が0（q＝0）においては，可変費用はゼロであるが，生産量を増加させていくにつれ，可変費用が増加していることがわかる。ここで生産量q_1における総費用は固定費用（Aq_1，つまり0Dと同じ高さ）に可変費用（BA）の高さを加えたBq_1の大きさになる。一方，右側の（b）のグラフは長期を表わしたものである。長期には固定費用が存在せず，すべてが可変費用になるので，生産量が0（q＝0）において総費用は0となる。ここで生産量q_1における総費用はすべて可変費用となり，Bq_1の大きさになる。

図3-1 固定費用と可変費用

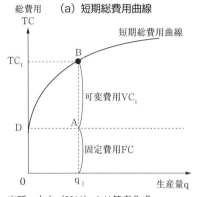

(a) 短期総費用曲線

総費用 TC

短期総費用曲線

B

TC_1

可変費用VC_1

D

A

固定費用FC

0　　q_1　　生産量q

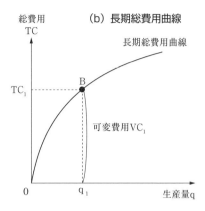

(b) 長期総費用曲線

総費用 TC

長期総費用曲線

B

TC_1

可変費用VC_1

0　　q_1　　生産量q

出所：丸山（2011）より筆者作成。

（4）結合費用と共通費用

　企業が複数の財やサービスを生産している場合には，それらの財やサービスがお互いにどのような関係をもっているかによって費用を区別する。再び鉄道会社の例で考えてみよう。鉄道会社は通常往路運行と復路運行でサービスを提供している。たとえば，東京・新大阪間の新幹線は東京駅から新大阪駅に向かう場合，行きっぱなしということはなく，東京から新大阪に向かった以上は戻ってこないと，再度東京から新大阪への運行は行えない。この場合には往路でサービス提供を行うかぎり，（回送で乗客を乗せていないにしても）復路の運行が必ず発生する。この例のように１つの投入物から生産される２つ以上の生産物を結合生産物と呼び，それにともなって発生する費用のことを結合費用という。

　一方，鉄道会社が旅客輸送サービスと貨物輸送サービスを生産する場合では，旅客輸送サービスを生産したからといって，必ず貨物輸送サービスが生産されるわけではなく，結合生産のときのように片方を行えば，必ずもう片方が発生するという技術的関係は存在しない。このような生産に共通してかかる費用を共通費用という。共通費用は多くの交通サービスにみられるもの

である。たとえば，旅客輸送と貨物輸送という2つのサービスを1つの企業で行っているとき，車両費用や使用する電力費用などそれぞれのサービス部門に帰着させることができる個別費用とは別に，人事や経理といった本社の管理部門職員の給与のように，両部門で共用する費用が存在する。共通費用で問題となる点は，複数の部門に跨る共通費用をいかに個別部門に配分するかという費用配賦の問題である。たとえば，各部門の列車キロや営業収入の比率などが挙げられるが，各部門が合意する配賦方法を考えることは簡単ではない。

（5）回避不可能費用と回避可能費用

　次に生産の中止や追加にともなう費用概念を考える。鉄道会社が旅客輸送サービスと貨物輸送サービスを生産しているとする。線路やトンネル，鉄橋は旅客輸送サービスと貨物輸送サービスの生産に共通して用いられているため，たとえ貨物輸送サービスの生産をやめてもそれらへの費用は支出しなくてはならない。このような費用を回避不可能費用という。しかし，貨物輸送サービスの生産をやめることで，貨物列車を走行させるための燃料費などは発生しなくなる。このようにあるサービスをやめることによって支出を回避することができる費用を回避可能費用という。

（6）増分費用

　回避可能費用と関連の深い費用概念に増分費用がある。これまでとは逆に，旅客輸送サービスしか生産していない鉄道会社が新たに貨物輸送サービスの生産も行うとする。このとき貨物列車を走行させるための車両や燃料に対する費用を払う必要がある。このように新たなサービスの生産を始めることにより追加的にかかる費用を増分費用という。

（7）埋没費用

　サービス生産の中止の際には，固定的生産要素にかかわる固定費用部分を

処分する必要がある。そのときに出てくる費用として埋没費用がある。この費用は固定費用と似ているが，異なる部分もあるので注意が必要である。

今，鉄道会社が提供するサービスを撤退するときを考える。この鉄道会社が事業から撤退する際に，線路やトンネルという固定的生産要素を市場において，建設当初の価値から経年劣化した分を差し引いた現在価値で売却することができるならば，線路やトンネルにかかる費用は回収できる。しかし，通常は線路やトンネルのみを買いたいという企業はあまりいないだろうし，これらを扱う中古市場があるわけでもないので，事業から撤退するとき線路やトンネルの費用は回収できないことになる。このように投下した資金のうち回収できない分にともなう費用のことを埋没費用という。もし市場で売却できるのであれば，線路やトンネルなどの固定費用は埋没費用にはならない。埋没費用の存在は当該事業への参入や退出に影響を与えるため，交通事業にとどまらず，電気，ガス，水道といった公益事業のような生産に大きな施設・設備が必要となる産業においては重要な概念となる。

第2節 平均費用と限界費用

（1）平均費用と限界費用の定義

交通サービスの供給費用を考えるうえで，代表的な指標には，平均費用と限界費用がある。平均費用（Average Cost: AC）とは，生産量1単位当たりの費用のことで，総費用をTC，生産量をqとすると，次のように定義される。

$$AC = \frac{TC}{q}$$

企業は生産量1単位当たりの収入が費用を上回っていると，プラスの利潤を得る。よって，平均費用は企業の損益にかかわる重要な概念である。

限界費用（Marginal Cost: MC）とは，生産量を一単位増加するときに生じる追加的にかかる費用の増分のことで，生産量の変化分を Δq とし，それ

にともなう総費用の変化分を Δ TCとすると，次のように定義される。これは総費用曲線を生産量で微分した値である[2]。

$$MC = \frac{\Delta TC}{\Delta q}$$

　企業は，「現状より生産量を1単位増やしたときに利潤（収入―費用）は増えるのか減るのか」を計算して，自社の最適な生産量を調整する。限界費用は「現状より生産量を1単位増やしたときの費用の増加額」であるから，この最適生産量水準を計算する際に重要な役割を果たす。

（2）逆S字型の総費用曲線

　図3-2は縦軸に総費用TC，横軸に生産量qをとって生産量と費用との関係を描く総費用曲線である。ここで平均費用と限界費用はそれぞれ以下のように考えることができる。図3-2のA点は，生産量がq_1のときの総費用がC_1の大きさを示している。ここでA点における平均費用は，A点と原点を結ぶ直線の傾きであり，限界費用はA点における総費用曲線の傾きとして表される。

　図3-2において，原点と任意の生産量に対応する総費用曲線上の点を結んだ直線の傾きである平均費用と，任意の生産量に対応する総費用曲線の点の傾きである限界費用はともに，生産量が増加するに従い低下するようなものである。しかし，一般的には，総費用曲線は企業の生産量を増大させると生産にともなう費用は増加するが，その増加率は常に一定ではなく，図3-3のように逆S字型の曲線が想定される。この意味についてバスサービスを例に考える。まず車両や土地，建物などを購入し，運転手を雇用してバスサービスの生産を開始すると，バスサービスの生産量がゼロでも発生する車両や車庫といった固定的生産要素が生産開始当初は大きな負担とならず余裕がある。

2　限界費用の式におけるΔqを限りなく小さくする（A点に限りなく近づける）と，$\Delta TC/\Delta q$は限りなく点Aにおける総費用曲線の傾きに近づく。つまり，生産量qにおける限界費用は点Aにおける総費用曲線の接線の傾き（総費用を生産量で微分した値）と等しくなる。詳しくは岩田（1993）や芦谷（2009）などミクロ経済学の入門書を参照されたい。

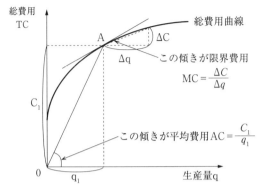

図3-2 総費用，平均費用，限界費用

出所：丸山（2011）より筆者作成。

そのため，バスの生産量（たとえば，走行キロ）を増やすと総費用は増加するものの，生産量一単位当たりの費用である平均費用が減少していくので，それほど大きな費用増加にはならない，つまり総費用曲線の傾きが緩やかになっていく。これが図3-3における費用逓減局面である。しかし，それはいつまでも続くわけではない。さらに生産量を増加させていくと，現在の固定的生産要素の生産能力の上限に達し，それ以上は効率的な生産ができなくな

図3-3 逆U字型の総費用曲線

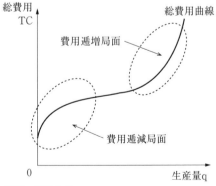

出所：筆者作成。

るので，総費用（そして平均費用）は急激に上昇する。これが図3-3における費用逓増局面である。逆S字型の総費用曲線は，そのような状況を示したものである。

（3）総費用から平均費用と限界費用の導出

　以上のような逆S字型の総費用曲線に基づき，平均費用と限界費用を計測すると以下の図3-4のようになる。平均費用，限界費用いずれも生産量が少ない段階q_1から徐々に生産量を増やしていくことで，その値（図3-4上段の曲線の傾き）が小さくなっていく。その過程でまずは限界費用がq_2点で最も小さくなり，それ以降は生産量を増加させると傾きが大きくなる。続いて平均費用がq_3点で最小点を迎え，それ以降は生産量を増加させると傾きが大きくなる。ここで平均費用の最小点q_3点までは，平均費用の方が限界費用よりも大きいが，q_3点で平均費用と限界費用の傾きが一致し，それ以降の生産量

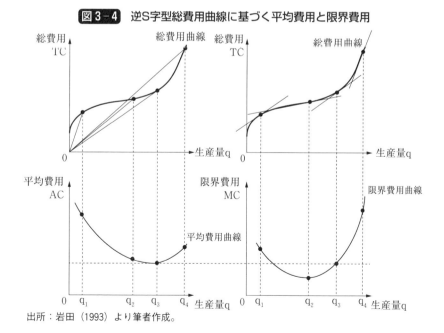

図3-4　逆S字型総費用曲線に基づく平均費用と限界費用

出所：岩田（1993）より筆者作成。

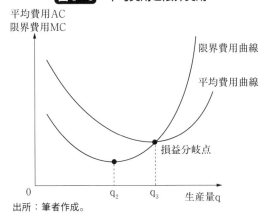

図3-5 平均費用と限界費用

平均費用AC
限界費用MC

限界費用曲線

平均費用曲線

損益分岐点

0　　　　　　q₂　　q₃　　生産量q

出所：筆者作成。

では限界費用が平均費用を上回っている。

　この状況を縦軸に平均費用と限界費用をとったグラフ（**図3-4**の下段）に
それぞれの大きさを描いてみると，限界費用と平均費用はともに当初は生産
量を増やしていくとその値が徐々に小さくなるが，限界費用は生産量がq_2,
平均費用はq_3を超えると大きくなるU字型の形状をしていることがわかる。
つぎに限界費用曲線と平均費用曲線を同じグラフに描いたのが図3-5である。
ここで重要なのが，限界費用曲線が平均費用曲線の最小点を通過しているこ
とである[3]（簡単な数値例を補論1に示している）。詳しくは，補論2の企
業の利潤最大化を参照してほしいが，q_3点より左側の領域では，企業が得ら
れる収入より費用の方が大きくなるため，企業がどのような生産量を選択し
ても損失が発生することとなる。一方で，q_3より右側の領域は企業が得られ
る収入が費用より大きくなっているため，企業には利潤が発生することにな
る[4]。このように平均費用曲線と限界費用曲線の交点は，利潤のマイナスと

3　芦谷（2009）第5章では総費用，限界費用，平均費用の関係について，わかりやすく説明さ
　　れている。また，本章で説明を省略した平均可変費用についての解説もある。これらの費用の
　　関係について関心のある読者は参照いただきたい。
4　企業の利潤最大化に関しては，本章の補論2をご参照いただきたい。

プラスを分かつ点であるため，損益分岐点と呼ばれる。

（4）長期総費用曲線と短期総費用曲線

　これまでは，固定費用（鉄道施設・設備である線路や車庫など資本にかかわる費用）が存在する短期の費用について説明してきた。しかし，固定費用となる設備は短期的には生産量に関係なく一定であるが，長期（たとえば30年や40年という単位）でみれば，単線だったものを複線や複々線といった形で，設備の規模を変更することが可能になるため可変費用となる。ここでは長期と短期という時間の視野を意識しながら，固定費用が存在せず，すべての投入要素が可変的投入要素，可変費用となる長期の費用についてみていく。

　単線の鉄道において乗客が増えていくケースを考えよう。線路の数を変更できない短期では運行本数を増やしたり，1回の運行車両数を増やすといった対応をするが，乗客が増えても固定的投入要素である線路（資本）は1本しかないので，可変的投入要素である運転士や駅員（労働）や車両を増やすという形でしか対応できない。しかし，長期という時間軸でみていくと，乗客が増えるに従い線路の本数を複線や複々線に増やすといった調整も可能となる。この場合，資本という固定費用が存在する短期よりも，柔軟に投入要素を調整することが可能になる。そのため，一般に長期総費用は短期総費用よりも低くなる。つまり長期総費用曲線はある生産量とそれを生産するために必要な最小の費用との関係を表わしており，長期的には同一の生産量であれば，長期総費用は短期総費用よりも高くなることはない。もし長期の方が高いのであれば，短期的に選択した生産要素の組合せを長期の代わりに選択すればよいからである。

　この状況を図3-6を使い確認してみたい。今，線路が単線，複線，複々線に対応する短期総費用曲線を各々STC_1, STC_2, STC_3とする。一方でこれらの短期総費用曲線を下方から包み込むように描かれた曲線が長期総費用曲線（LTC）である。この長期総費用曲線は，3つの短期総費用曲線とそれぞれA，B，Cの点で接しており，長期においても短期の議論と同様に，総費用曲線

上の任意の点と原点とを結んだ直線の傾きは，その点における生産量に対応する平均費用を示している。一番規模の小さい短期総費用曲線STC_1と長期総費用曲線LTCとは，点A（生産量q_1）で接している。したがって，その点と原点を結んだ直線OAの傾きは，生産量がq_1のときの短期平均費用SAC_1であるとともに，長期平均費用LACでもある。LTCと原点を結んだ直線の傾き（長期平均費用）とSTCと原点を結んだ傾き（短期平均費用）とを比べると，q_1以外の生産量では長期平均費用は短期平均費用よりも小さくなっている。図3-6においてLTCと原点を結んだ直線の傾きは生産量q_2に対応するB点で最小になっており，それ以降の生産量では長期平均費用が徐々に大きくなっていくことがわかる。ここでも短期総費用曲線STC_2と長期総費用曲線LTCが，点B（生産量q_2）で接しており，長期平均費用と短期平均費用が等しくなる。

　次に限界費用をみてみたい。短期の箇所で説明したように，各総費用曲線の各点の接線の傾きがその点に対応する生産量のもとでの限界費用を表わしている。STC_1とLTCはA点で接しているから，このとき短期限界費用

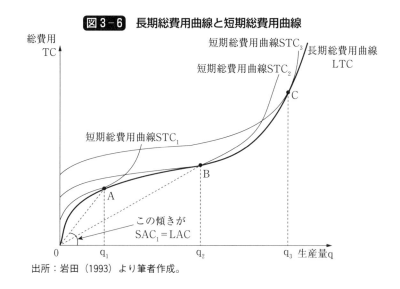

図3-6　長期総費用曲線と短期総費用曲線

出所：岩田（1993）より筆者作成。

SMC_1と長期限界費用LMCが一致する。点Aでは，短期的にも長期的も同じ規模の設備を選択しているから，このときの短期と長期の限界費用は等しく，かつ短期と長期の平均費用も等しくなる。（図3-7のA点とD点がこれにあたる）これは設備の規模を大きくした際（STC_2やSTC_3）についても同様である。

　以上の点を，縦軸に平均費用（AC）と限界費用（MC），横軸に生産量（q）をとった図3-7で確認する。LACはすべての生産要素を変化させることが可能であるので，ある生産量を最小の費用で生産するときの平均費用を示している。このグラフが示すとおりLACがそれぞれのSACと1点で接しており，それ以外の点では各々のSACよりも下方に位置している。このようにLACがSACを包み込むようになっているので下方包絡線であるという。LMCとSMCは，各SMCとLMCが等しくなる点（図中のA点，B点，C点）に対応する生産量（図中のq_1，q_2，q_3）で等しくなっている。たとえば図3-7においては，LMCはq_1よりも小さい生産量ではSMC_1よりも上方にあり，q_1よりも大きい生産量では下方にある。これはq_1点を超えると，交通施設など

図3-7 長期平均費用曲線と長期限界費用曲線

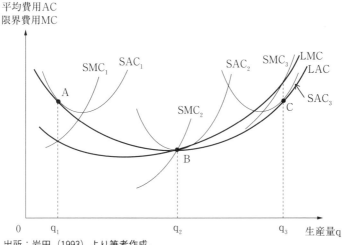

出所：岩田（1993）より筆者作成。

の固定的生産要素が存在しない長期においては，より規模の大きな施設に変化させる方が効率的であることを示している。

（5）生産要素の不可分性：交通サービスの費用曲線の形状

　さて，これまでの供給費用に関する説明では，サービスをほしい人が1人増えれば，その人の分だけ生産量を追加し，ほしい人が1人減ればその1人分だけ生産量を減らすことが可能で，生産量を連続的に増加や減少させることができるという可分性を前提に説明を行ってきた。しかし，交通サービスでは，通常，生産量を連続的に変更することは難しい。ここでは竹内（2008）に従い，説明を行う。たとえばバスでは，50人乗りの車両を1台，2台という単位でしか変更することができず，利用者が51人となった際に，1人分の追加的なバスサービスの生産は不可能である。このような特徴を不可分性という。利用者1人目から50人目までは1台で輸送可能なので，1人の利用者が増えることによる限界費用の増加分は，燃料費やタイヤの摩耗費用などわずかなものである（1人から50人まで一定）。しかし，51人目の利用者が現れると，車両1台の輸送能力が限界に達するため積み残しが発生する。このとき企業は1台目で乗れなかった1人だけ輸送するバス車両を作るということは不可能であり，実際には50人乗りの2台目のバス車両を購入することにな

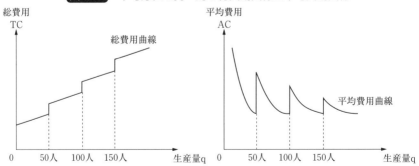

図3-8 不可分性を持つ財の総費用曲線と平均費用曲線

出所：竹内（2008）より筆者作成。

り，このとき２台目の残りの49席分は空席となる。

　この状況をグラフに書いてみると図3-8の左側の図のように総費用曲線は
１台目の輸送能力に限界がくると，２台目を購入することによって総費用曲
線がジャンプする（２台目から３台目，３台目から４台目についても同様）
という階段状の総費用曲線になる。また，この総費用曲線をもとに平均費用
曲線を描くと図3-8の右側の図のように，1つ目の生産設備にかかわる平均費
用曲線が徐々に逓減してくるが利用者が51人目になると，２台目を購入する
ことにより平均費用曲線がジャンプするジグザグな形状となる。

　このような費用曲線の形状の違いから，交通産業と他の産業とではまった
く異なるようにみえるが，竹内（2008）で述べられているように，これは企
業の非常にミクロな意思決定を行う際に有用なものであるが，たとえば，ある
交通企業全体やバス産業全体というような単位で分析を行う際には，これま
で説明してきた通常の総費用曲線を基準とした分析で十分であるといえる。

第**3**節　規模の経済

（１）規模の経済の定義

　規模の経済とは，企業が生産量を増大させることによって，生産量当たり
必要な投入量が減少し，生産量１単位当たりの（長期）平均費用が低下する
ことをいう。したがって，規模の経済が存在すれば，大量生産によって利益
が生じる。簡単に言うと生産量の増加につれて平均費用が低下するとき，同
種のサービスの生産量 q_1 と生産量 q_2 を別々に生産する費用をそれぞれ $C(q_1)$，
$C(q_2)$ とし，q_1 と q_2 をまとめて生産する費用を $C(q_1 + q_2)$ とすると，以
下の式のように表わすことができる[5]。

$$C(q_1) + C(q_2) > C(q_1 + q_2)$$

5　この性質は，正確には「費用の劣加法性（部分加法性）」と呼ばれるもので，規模の経済より
　も広い概念である。この式の説明や導出については，竹内（2008）の第4章を参照いただきたい。

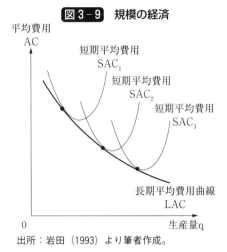

図3-9 規模の経済

平均費用
AC

短期平均費用
SAC₁

短期平均費用
SAC₂

短期平均費用
SAC₃

長期平均費用曲線
LAC

0 　　　　　　　　　　生産量q

出所：岩田（1993）より筆者作成。

　図3-9は，生産量が拡大するとともに，長期平均費用が逓減する状態を表わしている。短期の平均費用曲線は，Ｕ字型をしているが，固定設備の規模が変われば，短期平均費用曲線はシフトすることになる。このように固定設備を拡大するにつれて長期平均費用が低下していくことを「規模の経済」が存在するという。逆に平均費用が上昇することを「規模の不経済」という[6]。

（2）規模の経済の要因

　このような規模の経済が起こる要因には以下のようなものがある[7]。第１に，第２節（5）で説明したような設備の「不可分性」と大規模設備にともなう「固定費用」の拡散効果である。鉄道や航空を思い浮かべてみるとすぐにわかるように，鉄道の線路や空港の滑走路などの設備は，最低でも１本，管理者も最低でも１人いないとサービスの生産ができない。これらの設備は生産量が

6　規模の経済は，労働や資本などの生産要素投入の規模を2倍，3倍と増加させたときに，そこで得られる収穫（生産量）がその割合よりも多く増加することを意味する。そのため，規模の経済は，規模に関する収穫逓増ともいわれる

7　規模の経済が起こる要因に関する説明は丸山（2011）に従っている。

ある水準に達するまでは，増やす必要がない。1本線路を作ってしまえば，その上を列車が1両走ろうが10両走ろうがこれらの設備を増大させる必要は生じず，運転士や電力のような可変的な生産要素の増加のみである。このとき生産量を増加させることにより，これら設備にかかわる固定費用がより多くの生産物に拡散され，平均固定費用（生産量1単位当たりの固定費用）の低下が平均費用の低下を導くことになる。交通サービスは設備の規模が大きく，固定費用が大きくなることが多い。そのため，こうした固定費用の拡散効果が大きな生産量まで働くこととなり，規模の経済を生み出す。

　第2は，専門化（特化）と分業の利益である。企業の生産量が少ない間は1人の労働者が複数の業務を担当しているが，生産量が増すにつれて，分業され，各々の労働者が個々の仕事に特化してその仕事を効率的に遂行できるようになる。

　第3は，大量生産に適した技術の利用が挙げられる。大規模設備は小規模設備とは異なる技術を導入することで，供給費用の引き下げをもたらしているといえる。たとえば，地方部の鉄道駅では乗降客が少ないため，駅員（ときには乗務員）により切符の販売，改札業務を行っているが，乗降客の多い駅になると自動改札機や券売機を導入する方が効率的になり，これらの機械が乗降客の流れをさばいてくれることで，券売・改札の平均費用を大幅に下げることが可能になる。

（3）規模の経済が企業や市場に及ぼす影響

　次に規模の経済が市場や企業の行動に与える影響について簡単に概観したい。交通サービスの提供では固定費用の占める割合が高く，規模の経済，つまり長期平均費用の逓減が大きな生産量に至るまで続くことになる。このような費用特性を持ち，かつ平均費用が右下がりの部分で市場の需要曲線Dとの交点を持つ場合（図3-10）を「費用逓減」と呼び，「市場の失敗」の要因となり政府による規制の根拠となる。これは平均費用曲線の最小点より左側の領域（つまり限界費用が平均費用を下回っている領域）が大きな生産量ま

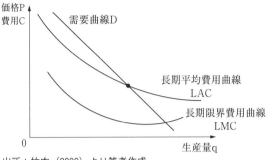

図 3-10 費用逓減

出所：竹内（2008）より筆者作成。

で続くので，相当大きい需要量がないかぎり供給する企業には損失が発生してしまうという問題である。

　また，規模の経済という費用特性は企業行動にも悪影響を及ぼす。規模の経済がある場合，企業はより多くのサービスを生産することにより平均費用を下げることが可能となる。そのため，生産規模を拡大し極端な低価格競争を行うことで，競合企業を市場から駆逐しようとする。競争に勝ち残った企業は，市場を独占することでより低い平均費用そして高い価格（独占価格）をつけることが可能であるため，この競争は最後の1社になるまで続くこととなる。このように競合企業を出し抜こうとするための規模拡大競争を「破滅的競争（または浪費的競争）」と呼び，その結果最終的に残った1社が市場を独占することを「自然独占」という（詳しくは竹内 2008を参照）。このような競争の結果，現れる自然独占は独占の弊害をもたらすだけでなく，破滅的競争の過程で競争に負け，破たんした企業の莫大な資産が社会的に浪費されるという意味でも望ましくない。そのため，このような場合も政府による介入が行われる。

第4節 範囲の経済

（1）範囲の経済の定義

　範囲の経済とは，複数の生産物を結合生産したり複数の事業を多角的に展開する方が，複数の製品を別々に生産したり事業を別々に行うよりも費用が低くなることをいう。「範囲」とは企業が提供する製品やサービスの種類，あるいは事業の活動範囲のことをいう。

　今，異なる製品（旅客鉄道と貨物鉄道）の生産量をq_1，q_2，それにともなう費用を$C（q_1,q_2）$とすると，範囲の経済とは以下のような状態が成立していることをいう。

$$C（q_1,q_2） < C（q_1, 0） + C（0,q_2）$$

　同じ経路を利用して旅客や貨物も運んだ方が，旅客だけもしくは貨物だけで運ぶよりも有利なように，同じ資本や設備を利用して異なる分野に進出すれば，共通費を節約することができ，結果として平均費用が低くなる。これは後者では別々に線路を敷く必要があるが，前者であれば1つの線路や配線を用いて旅客と貨物の両方の運行を行う方が効率的であるためである。範囲の経済に関して交通事業で最もよく知られている例としては，わが国の大手私鉄が本業である鉄道事業から乗合バス事業やタクシー事業など交通関連の事業への多角化にとどまらず，沿線開発に関連して不動産事業や小売事業，レジャー事業にも多角化するケースや，旧国鉄のように旅客鉄道と貨物鉄道を同時に行うケースなどが挙げられる（現在のJRでは旅客鉄道と貨物鉄道は別々に経営されている）。

（2）範囲の経済の要因

　範囲の経済が生じる要因としては，共通利用可能な未利用資源の有効利用を挙げることができる。範囲の経済は，異なる製品（またはサービス）や事

業が共通費用をもつ場合に，そうした事業分野へ多角化を行うことによって
得られる費用の節約効果であるということもできる。

　規模の経済による費用の低下を生み出す要因の1つは，生産量を拡大する
ことによって多量の製品（またはサービス）に固定費用の拡散化を図るもの
であったが，範囲の経済は製品や事業のバラエティを拡大することによって，
多数の製品に共通する固定費用の拡散化を図り平均費用の低下を導いている
といえる。範囲の経済をもたらす複数事業間で共通利用可能な資源には，こ
れまで説明したような有形なものだけではなく，ブランドのような無形のも
のもある。たとえば，大手私鉄事業者の多角化では，鉄道事業で培った「安
全・安心」というイメージがブランドとなり，鉄道事業者の不動産事業部（も
しくは子会社）が作るマンションや住宅についても消費者が「安全・安心」
であるという印象を持ちやすいといったものである。

第5節　その他の費用概念

　交通政策を考えるうえで欠かせない費用には，これまでに挙げた，企業が
直接的にかかわり，また，金銭的に表すことのできるもの以外にも重要な費
用の概念がある。ここでは「社会的費用」と「取引費用」について簡単に説
明する。

（1）社会的費用

　これまでに説明してきた費用については，企業もしくは利用者など誰が負
担するかについて明確であった。このように企業であれ消費者であれ，自ら
とった行動について自らが負担する費用を私的費用という。たとえば，自家
用車で道路を走行する場合，走行にかかわる燃料費や高速道路の通行料金，
走行することによる自動車の減耗（タイヤがすり減ったり，エンジンが劣化
するなど）など金銭的費用に加えて利用者の時間費用や潜在的な事故リスク
に関連する費用などについては利用者本人が認識し，自ら負担する私的費用

である。一方で，自動車が走行する費用はこれだけにとどまらない。たとえば自動車が走行することで発生する排気ガスによる大気汚染や騒音，振動，混雑といった迷惑については，通常，利用者が負担することはなく，近隣の住民（大気汚染の場合は地球規模）が損害を被り，その費用を負担することになる。このように経済活動を行った主体自らに発生する費用に，本来は本人が負担するべきなのに負担しなかった費用を加えた，社会全体にかかっている費用を社会的費用という。これは道路交通だけにかかわらず，鉄道，バス，航空，海運などの交通機関にも共通する問題であり，経済学では外部性の問題として扱われるため，外部費用ともいわれる。

　上に挙げた自動車が走行することによる社会的費用のうち，混雑は同じ交通サービスを利用している者に発生する費用であり，大気汚染，騒音，振動は，この交通サービスを利用しない者が被る費用である。いずれも他者に費用負担を強いている点で，放置することは社会的に望ましくない。そのため交通にかかわる社会的費用を適切に処理することも交通政策の役割である。社会的費用（外部費用）に関しては第10章で詳しく説明される。

（2）取引費用

　取引費用とは，組織間，個人間のさまざまな取引の際に発生する犠牲やデメリット（間接費用）のことを指す。たとえば，取引相手を探すための探索費用，取引相手が信頼に足る相手かどうかを調べるための費用，取引相手との交渉費用，契約を作成するための費用，相手が契約を守っているかを監視（モニタリング）する費用，相手のパフォーマンスを評価するための情報収集のための費用などを指す。ここでいう費用は，目にみえる金銭的な費用だけでなく，時間や労力など取引のために投じるすべての資源を含む。

　近年，交通事業では，これまで公営で運営されていたバス事業の一部を民間事業者に委託するケースや，空港施設の所有権を公的機関に残し，空港の運営部分を民間事業者に任せるケース（コンセッション），独占的に行われていた鉄道事業を鉄道の運行（上）とインフラの管理（下）を分割し，上の

運行に競争を導入しようとするケース（上下分離），製造を行う荷主企業が物流機能の全体もしくは一部を，物流業務を専門に行う第3の企業に委託するケース（サード・パーティー・ロジスティクス（3PL））など元々は1つであった企業組織を分割して，事業の効率性を追求する政策が盛んに行われている。確かに，運行費用の安い民間事業者へ委託を行ったり，競争を導入することで（金銭的）費用の削減にはつながるかもしれないが，これまで1つであった企業組織を分割することによって，取引費用が発生する。今後，これらの動向や政策を評価する際には，政策による金銭的な費用削減の観点のみならず，取引費用の観点も含んで評価する必要がある。交通事業における民間委託や上下分離の進む欧州では，このような取引費用を定量的に計測する試みもなされており，その重要性が認識されているといえる。取引費用についての詳しい説明は菊澤（2016）や交通産業に取引費用の考え方を適用している堀（2000）などを参照していただきたい。

補　論

■補論1：限界費用と平均費用の関係（数値例）

　ここでは平均費用と限界費用の関係，特に限界費用曲線が平均費用の最小点を通過するという性質について数値例を示す[8]。第2節で説明した逆S字型の総費用曲線を想定し，図3-11のような総費用をもとに平均費用と限界費用を計算すると以下のようになる。

　まず，生産量qが0のとき総費用TCは4となっている（可変費用が0なので，すべて固定費用）。このとき，生産が行われていないことから平均費用ACは発生しない。生産量を0から1に増やすと，総費用が15まで上昇する。これより生産量0のとき，生産量1単位増加した際の費用の増加分である限界費用MCは15－4＝11となる。また，生産量1のときの平均費用は，総費用を生産量で割った値であるので，15÷1＝15となる。同様の計算を生産量の増加ごとに計算していくと，図3-11の左側の表のような総費用，限界費用，平均費用の一覧が作成される。

図 3-11　総収入曲線，総費用曲線と利潤の関係

生産量q	総費用TC	限界費用MC	平均費用AC
0	4	11	－
1	15	8	15
2	23	8	11.5
3	31	9	10.33
4	40	10	10
5	50	12	10
6	62	－	10.33

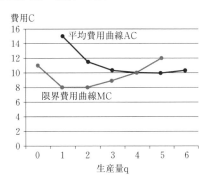

出所：芦屋（2009）より筆者作成。

8　この性質を理解する方法は複数あるが，本論では，最もわかりやすい数値例による説明を行う。この性質についてより詳しい説明は芦谷（2009）を参照していただきたい。なお，図3-11で用いた数値例は，芦谷（2009）の数値をそのまま利用している。

ここで限界費用と平均費用の推移をグラフにすると，図3-11の右側のように
なる。限界費用は，生産量が増加するとはじめは減少していくが生産量が
1と2で8と最小点になり，その後は増加していく。平均費用も最初は生産
量が増加するに従い減少していくが，生産量が4と5で最小になり，その後
は増加していく。限界費用と平均費用を比較すると，限界費用が先に最小点
を迎えその後増加し，生産量4で限界費用が10のところで平均費用と交わっ
ている。この点は平均費用の最小値である。このグラフより平均費用の最小
点より左側の領域では，平均費用は限界費用を上回っており，最小点をより
右側の領域では，限界費用は平均費用を上回っていることがわかる。

■補論2：企業の利潤最大化の条件

　ここでは本文の説明では省略した企業の利潤最大化について考えたい。こ
れよりなぜ企業が平均費用曲線と限界費用曲線の交点（平均費用曲線の最小
点）より左側の領域では生産を行わないことが合理的な選択となるかを理解
する。まず企業の利潤（π）とは，総収入（Total revenue：TR ＝ p × q）
から総費用（Total Cost：TC ＝ AC × q）を差し引いたもので，以下のよう
に表わすことができる。

$$\pi \ = \ TR \ – \ TC$$

　このとき，企業の利潤が最大となる生産量を知るためには，生産量を1単
位増やすときの総収入と総費用の変化を考えなくてはならない。これは総収
入曲線の接線の傾きで，1単位の生産量の増加による総収入の増加分を表す
限界収入（Marginal revenue: MR）と，総費用曲線の接線の傾きで，1単
位の生産量の増加による総費用の増加分を表す限界費用（Marginal cost:
MC）との関係（どちらが大きいか）をみることで明らかになる。生産量を
1単位増加させたことで得られる限界収入が限界費用を上回っているMR ＞
MCのケースでは，生産量を増加することで，費用を上回る収入を得られる
ため，増産により企業の利潤は増加する。逆に限界収入よりも限界費用が大

きいMR＜MCのケースでは，生産量を増加することで費用が収入を上回ってしまうため，増産は企業の利潤を減らしてしまう。以上より企業にとって利潤を最大化させる生産量とは，生産量を1単位増加させたときの限界収入と限界費用がちょうど等しくなるMR＝MCとなる生産量を選択することであることがわかる。

　なお，完全競争市場において，企業はどんな生産量を選択しても市場価格に影響を及ぼさないプライステーカー（価格受容者）である。そのため，完全競争市場では，市場で決まる価格（p）と追加的な収入である限界収入が等しくなる（1単位追加で販売することにより入ってくる収入は販売価格に等しくなる）ため，利潤最大化条件は価格と限界費用が等しくなるMR＝p＝MCの生産量となる。

　図3-12の上段は，完全競争市場における企業の総収入曲線と総費用曲線を，下段は生産量の変化にともなう利潤の変化を表わしたものである。ここで企業はプライステーカーなので，総収入TRは価格pと生産量qの積となる。これはグラフにおいて，原点を通る傾きpの直線（TR＝p×q）で表されている。なお，総収入曲線の接線の傾きである限界収入MRは，総収入曲線が直線であるため，どのような生産量においても傾きpで一定である。企業の総費用TCは，これまでの議論と同様に逆S字型の総費用曲線を考える。図3-12において総収入曲線と総費用曲線が交わる生産量q_1とq_3では，総収入と総費用が等しくなるのでTR＝TC，利潤はゼロ（$\pi = 0$）である。これは図3-12の下段において，生産量q_1とq_3に対応する利潤がゼロであることからもわかる。生産量がq_1より大きくq_3よりも小さい領域では，総収入曲線が総費用曲線よりも上にある（TR＞TC）ため，利潤が発生している（$\pi > 0$）。ここで企業の利潤が最大となる生産量は，総費用曲線の接線の傾き（限界費用MC）が，総収入曲線の傾き（限界収入MR）と等しくなるq_2である。上段のグラフでは，q_2の生産量において総収入曲線と総費用曲線の垂直方向の距離が最大になっていることからも確認できる。このとき総費用曲線の接線の傾きである限界費用MCは，限界収入（ここではMR＝p）と等しくなっており，

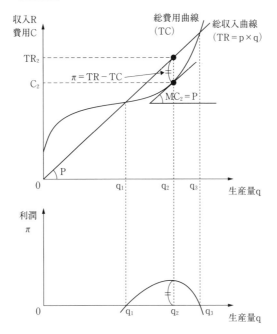

図 3-12 総収入曲線，総費用曲線と利潤の関係

出所：芦谷（2009）より筆者作成。

利潤の大きさを表した下段のグラフでも利潤の大きさが最大になっている。

　ここまでで企業の利潤を最大化する生産量を理解したので，次に企業の利潤の水準について議論したい。図3-13（a）〜（c）の3つのグラフには，平均費用曲線AC，限界費用曲線MC，価格の高さで水平となる限界収入曲線MRが描かれている。

　グラフの説明に入る前に，利潤の式は以下のように書き換えることで理解がしやすくなる。

$$\pi = \mathrm{TR} - \mathrm{TC}$$
$$= (\mathrm{p} \times \mathrm{q}) - (\mathrm{AC} \times \mathrm{q})$$
$$= (\mathrm{p} - \mathrm{AC}) \times \mathrm{q}$$

図 3-13 完全競争市場における企業の利潤

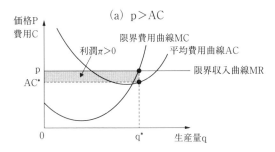

（a）p＞AC

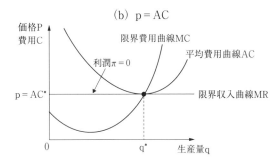

（b）p＝AC

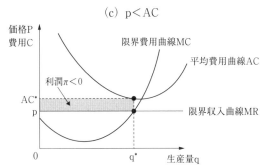

（c）p＜AC

出所：Goolsbee et al.（2017）より筆者作成。

式の3行目に注目すると，グラフにおいて企業の利潤は，底辺が利潤を最大化するp＝MCにおける生産量q*で，高さが（p－AC*）の長方形になることがわかる。以上より図3-13をみると，利潤の式より，利潤π ＝（P－AC）×qとなり，生産量q*で市場価格が自社の平均費用を上回るp＞AC*のときに企業の利潤はプラス（(a) のケース），生産量q*で市場価格が自社の平均費用と等しいp＝AC*のときに企業の利潤は0（(b) のケース），生産量q*で市場価格が自社の平均費用を下回るp＜AC*のとき利潤がマイナスになることがわかる（(c) のケース）。

補論1で示したように，限界費用曲線は平均費用曲線の最小点を通ることから，平均費用曲線の最小点よりも左側の領域では，どのように生産しても収入よりも費用の方が高くなる（価格が平均費用よりも低い）ため，企業の利潤はマイナスになる。そのため，このような生産量では企業は生産を行わないのが最適な行動となる。企業が生産を行い市場に生産物を供給するのは，平均費用の最小点より右側の領域の生産量となる。

第**4**章

交通サービスの市場
－市場の意味，役割，問題点－

Learning Points

・市場とは何か，市場の役割とは何か，についてその意味を理解すること。
・市場は大きな役割を果たしており，その意義が認められるが，その一方でまた
　大きな問題点を抱えていること（市場の限界）について認識を深めること。
・市場の限界を克服するため，政府の役割が大きく，それが期待されること，す
　なわち，政府の交通政策が要請されることを認識すること。

Key Words

市場，価格（運賃・料金），資源の効率的配分，独占，外部効果，公共財，公平性，
政府の力

第1節 市場の意味

　私たちは誰もが，市場（market）のなかで生きている，あるいは市場経済社会のなかで生活を送っている。ここで，市場とは，売り手（供給者）と買手（需要者）が取引を行う「場」である。しかし，この「場」というのは何か具体的な場所を指すのではなく，目にはみえない存在である。市場は，要するに，電気や電波と同じように確かに存在するが，目にはみえない存在なのである。

①　1対1の取引のケース

　たとえば，AとBの2人が何らかの物品に関する取引をしており，Aは売手，Bは買手であると仮定する。その場合，第三者である私たちの多くは，AとBが何を取引しているかわからないし，2人の交渉は目にはみえない。2人が物品の取引をしている場合には，2人でその物品の値段をいくらにするか，またそれが損傷したらどうするかなどについて具体的な「話し合い」をする，つまり取引をすることになる。第三者にはわからないが，そこにはAとBとの間で取引関係が成立しており，目にはみえない市場が存在していることになる。このような，最も単純化された2人の個人間の取引を念頭におけば，市場の意味が容易に理解されるであろう。

②　1対多数の取引のケース

　上のような1対1の個別的な取引は，現代の市場経済社会では一般的でも支配的でもない。ここでは，ある都市に1つの鉄道会社と多数の利用者がいる場合（1対多数）を想定してみよう（図4-1）。公共交通機関である鉄道会社を使って目的地に行く場合，多くの利用者は交通サービスの価格である運賃を支払う。この運賃は重要な取引の対象であり，本来ならば，運賃をいくらにするかについて利用者は鉄道会社と取引をしなければならない。

　鉄道輸送サービスを提供する鉄道会社と個々の利用者は，本来であれば，

74

図4-1　1つの鉄道会社と多数の利用者

（取引関係）

```
┌─────────────┐        ┌──────┐        ┌─────────────┐
│  1つの鉄道会社  │───────│  価格  │───────│  多数の利用者  │
└─────────────┘        └──────┘        └─────────────┘
```

　鉄道を利用するたびに運賃について個別に取引をするわけである。ところが実際には，このような状況にはなっていない。それは，個別的な取引をしていたら大変なことになるからである。なぜなら，①多数の利用者が鉄道会社とそれぞれ個別に取引をすれば，お互いに余分な時間と労力，それに追加の費用がかかること，②鉄道会社にとっても，1人ひとりと取引すれば，取引のために多くの人員を要し，多額の人件費がかかること，になるからである。とりわけ鉄道会社にとっては，交渉のために多額の取引費用（transaction cost）がかかり，会社が成り立たなくなるのである。このため，個別の取引は行わず，あらかじめ運賃を公表するという方式がとられる。利用者は公表された運賃を認めるか否かの選択をし，それを認めたときに取引が成立したとみなされる。いちいち鉄道会社との個別取引は行わないが，私たち利用者との間で市場取引を行ったことになるのである。

　交通サービスに限らず，多くの財やサービスについていえることであるが，このような市場取引が私たちの市場経済社会を支える基本的ルールとなっているのである。

第2節　市場の役割

　交通サービスを提供する側（供給サイド）とそれを利用する側（需要サイド）が出会う場が市場であり，その市場は目にはみえない存在である。交通サービスの市場は，私たちが認めた社会的な取引システムであり，社会・経済活動を支える重要な制度的システムである。一般に市場は，「市場シス

テム」または「市場メカニズム」ともいわれており，それらは同義語として
用いられる。

① 行動のシグナルとしての価格

　商品として提供される交通サービスの市場では，最も基本的で重要な関心
事となるのが交通サービスの価格（運賃・料金）である。もちろん，交通サ
ービスの質（利便性，迅速性，正確性，快適性，安全性など）も重要な考慮
の対象となるが，最も重視されるのがやはり価格である。価格は利用者にと
って経済的なバリアとなるから，価格がどれぐらいのレベルになるかが大き
な関心事となるのである。

　そして，交通サービスの価格が市場のなかでいったん決まると，その価格
は交通企業（売手）と利用者（買手）の行動のシグナルとなる。決まった価
格は，それが長期的に不変のまま持続するという性質のものではなく，市場
の状況の変化に応じて変わっていく。価格は一時的には一定水準を維持する
としても，時間の経過に応じて変化していくのである。

② 合理的行動に基づく資源の効率的配分

　いずれにせよ，交通企業と利用者の両者とも，価格を重要な判断材料にし
て行動するわけであるが，交通企業の場合は，価格をベースにして決まる次
式の輸送量Q

$$Q = f(P)$$　（ただし，Qは輸送量を示す従属変数，Pは価格を示す独立変数）

が決まると，その輸送量を処理するために必要な各種資源の投入量が決まっ
てくる。すなわち，交通サービスの提供のために各種資源をどれだけ投入し
たらよいかといった資源の配分・利用の仕方が明確になってくる。交通企業
は，こうして，希少な資源をうまく配分・利用して交通サービスを提供する
ことになるが，こうした行動をとらせる基本的原動力となる要因は，交通サ

ービスの利用者である私たち消費者なのである。私たち利用者が価格をシグナルとして交通サービスを選択し，結果としてその交通サービスの輸送量を決定づけ，決定された輸送量を交通企業が責任を持って処理するように方向づけるわけである。この輸送量を処理するため，交通企業は，各種の希少資源を効率的に調達して運用しなければならなくなるのである。

　ここから示唆される最も大切な点は，交通サービスの利用者（消費者）が希少資源の配分・利用を方向づける最終的な指示者になるという点である。利用者が図4-2で示した〝生産要素＝資源〟の配分・利用を指示する中心人物となるわけである。要するに，市場（市場システム）のなかでは，利用者（消費者）が市場の支配的ポジションまたは支配権を握っているという意味で，消費者主権（consumer's sovereignty）の原則が成立するのである。「消費者は王様である」という表現がそれをいい当てている。

　こうして，交通企業と利用者との間で取引関係が存在する市場は，希少資源の効率的な配分・利用という面ですぐれた機能を発揮するのである。交通サービスの市場は，交通部門に使用される希少資源の効率的配分・利用を可能にする優れた制度的装置であり，それが大きな長所となる。よくいわれるが，市場は神の「見えざる手」（invisible hand）として存在し，市場の力で希少資源が効率的に配分・利用されるということは，交通サービスの利用者（消費者）がより高い満足水準を確保することにつながるのである。

図4-2 市場の図式

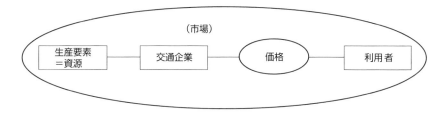

第3節 市場の問題点

　交通サービスの市場は，希少資源の効率的配分・利用の点で大きな役割を果たすわけであるが，しかし他方では大きな問題を抱えており，完璧な制度的装置とはいえない。市場は万能の神とはいえないのであり，交通サービス市場の領域でも，市場の力（market force）だけでは制御しきれない領域が存在するのである。要するに，市場は完全無欠の存在ではなく，市場の限界が観察されるのである。経済学では，市場の限界のことを「市場の失敗」（market failure）という概念で捉えて説明が加えられている。

　以下では，「市場の失敗」という観点から交通サービス市場の限界について論じることにする。

（1）独占

　交通企業が市場のなかで独占（monopoly）を保持するようになれば，独占の弊害が生じやすくなる。

　第1に，独占企業は独占利潤を得るために，独占的立場を利用して利用者（旅客や荷主）に対しさまざまな差別価格を設定するとともに，劣悪なサービスを強要することによって，独占的な超過利潤を得るという行動をとるようになりやすい。そして，いったんこうした事態を招いてしまうと，利用者サイドは大きな不利益を被ることになり，独占の弊害を受けてしまうのである。

　第2に，独占的な交通企業が大きな市場支配力を保持した場合，資源配分の面で非効率が発生するという深刻な問題が起きてくる。資源配分の観点からすれば，最も効率的な資源の配分・利用（望ましい輸送量を運ぶのに必要な望ましい資源量）が求められるわけであるが，独占下にある交通企業が利潤獲得行動に奔走すれば，望ましい水準の輸送量に無関心となり，そのため資源の効率的な配分・利用という重要な側面が軽視または無視されてしまうのである。その結果，資源の効率的な配分・利用が歪められてしまい，独占

の弊害として社会問題となってくるのである。

　独占の弊害が顕著に現れた歴史的・古典的な事例として，19世紀のイギリスとアメリカの鉄道会社がとった独占的行動が挙げられる。両国の鉄道会社のほとんどは，地域独占（area monopoly）を保持しており，望ましからぬ差別運賃を導入したのである。もっとも，19世紀の鉄道会社は，画期的なSL（蒸気機関車）を利用し，合理的な差別運賃を設定して旅客と貨物の大量輸送に従事し，経済の発展および社会の繁栄に大きな貢献をしたことも事実である。ただ，独占的な体質を有する鉄道会社は，旅客や荷主に対して横暴・露骨な差別運賃を設定し，独占利潤獲得行動に走ったのである。こうした不当な差別行動を抑制するため，両国とも政府が鉄道会社に対して規制を加えるようになり，鉄道独占を契機にして，アメリカでは19世紀末の1890年にシャーマン法（Sherman　Anti-trust　Act）が制定されたのである（シャーマンは人の名。トラストは企業合同の意）。この法律は，アメリカの独占禁止政策の嚆矢となった法律であり，1947（昭和22）年に制定されたわが国の独占禁止法もシャーマン法に範をとったものといわれる。

　このように，市場が独占状態になると，独占力を持つ鉄道会社は利用者に対して不合理で略奪的な差別価格を課すという悪質な行動をとるように傾き，利用者は大きな不利益を被ることになる。その場合には，資源の効率的配分という観点からみても，最適配分の理想的状態から離反してしまうといった望ましくない事態を招くことになる。

　こうして，市場が独占的な市場構造になると，「市場の失敗」が観察されるようになるのである。

（2）外部効果

　交通企業は，交通サービスの市場のなかで価格（運賃・料金）を公表して輸送活動を行っている。しかしその一方で，交通サービスの供給過程から派生的に発生するいくつかの現象が観察され，それは価格に反映されない形で多くの市民・住民に影響を及ぼしている。それは外部効果（external effect）と呼ばれるもので，利益を受ける場合と，反対に不利益を受ける場合がある。外部経済・不経済，外部性，脱漏効果（spillover effect，市場の外側に漏れる効果）ともいわれる。

　ここでは，負（マイナス）の外部効果が問題となる。第1に，交通サービスの市場が存在する場合を考えてみよう。この場合，交通企業は交通サービスを商品生産し，そのサービスに価格（運賃・料金）を課して有償で供給し，価格を支払う利用者が消費するというパターンをとっている。交通サービスは市場を通じて生産・供給されているが，その市場的供給過程から派生的に，価格に反映されない負の外部効果が発生し，それが拡散して広がるという現象が顕在化するのである。ここでは，市場の存在を前提にしたうえで発生する負の外部効果が問題となっているので，「市場の失敗」の1つとして認識される。

　第2に，交通部門で特徴的な，交通サービスの市場が存在しないケースを考えてみたい。自家用交通のケースでは交通サービスの市場が存在せず，交通サービスの自己生産・自己消費（いわゆる自給自足）が行われていることになる。自家用交通の場合，市場の作用がまったく観察されず，市場の枠の外で利用者自身によって交通行動が行われているのである。交通部門では，市場が存在しない自己生産・自己消費のウエイトが大きく，市場作用が機能しない大きな領域を形成しており，この点で他の諸部門とは大きく異なる特徴を有している。そして，こうした，市場が存在しない交通サービスの自己生産・自己消費の領域からも，負の外部効果が発生しているのである。このような，市場が存在しないところで発生する負の外部効果は，交通サービスの市場がカバーすることができないという意味で，「市場の失敗」のケースとして見なすことができるであろう。

　負の外部効果については，交通部門において特徴的な点がみられる。交通サービスの生産のために用いられる交通手段は空間的に広範囲にわたって移動する可動施設であるため，負の外部効果は広範囲に拡散して分布するという特徴を有する。工場の機械設備は一定の場所に固定されているが，機械設

備に相当する交通手段は一定の場所に固定されず，恒常的に空間を移動している物的装置である。それゆえ，工場の機械設備は負の外部効果を発生させる「固定発生源」であるのに対し，交通手段は負の外部効果を発生させる「移動発生源」であるといえる。

　以下では，負の外部効果の代表的事例である道路混雑問題，公害問題，地球温暖化問題について順に論じることにする。

①　道路混雑問題

　道路では，道路ネットワークをさまざまな種類の自動車が走行している。それを大別すれば，①バスやタクシー，営業用トラックなど，交通サービスを商品生産し，それに価格を設定して利用者に提供する自動車，②自家用乗用車（マイカー），自家用トラックなど，交通サービスを自己生産し，同時に自己消費する自動車，の2つに類別される。さまざまなタイプの自動車が同じ道路ネットワークを共同で利用していることになり，混合交通の典型ともいえる状態にある。

　混雑（congestion）は，一定の道路容量を持つ道路空間上で，ある時間帯に自動車が集中することによって発生する。それは多くの都市はもちろん，都市以外の幹線道路や，また高速道路でも日常的に観察されており，特定の場所や特定の時期になると非常に激しい混雑現象がみられるようになっている。混雑は，通常は一時的・局所的な現象として現れるが，それが広範囲にわたり長く継続するという現象も一般的となっている。そしてまた，道路上の混雑は，自動車の場合，自動車の外部空間で発生する外部混雑であり，自動車の内部空間では発生しない。ただし，バスの場合には，自動車同士の外部混雑に直面すると同時に，バス車内での内部混雑にも直面するのである。

　交通サービスを商品生産する営業用自動車，および交通サービスを自己生産する自家用自動車が，一定の容量を備えた同じ道路を共用して走行している環境のなかで，自動車の走行台数が増えれば，それに応じて各自動車の走行速度は低下し，反対に所要時間は増えていく。この現象が進んでいくと一

定レベルの混雑状況に達するが，その段階を適正レベルの混雑度と認定すれば，それを超える混雑によって発生する時間的ロスは，他の活動をその分だけ犠牲にした喪失分となる。道路上のある場所・ある時間帯において適性レベルを超えた混雑現象が発生すると，社会的レベルの総時間のロスは莫大なレベルに達するであろう。この社会的レベルでみた時間のロスと非効率は，金額ベースでの評価に困難がともなうが，負の外部効果の代表的なケースの1つとなる。

② 公害問題

　移動発生源としての交通手段は，日常的に，排気ガス，騒音，振動などの公害現象を引き起こしている。なかでも，公害現象の代表例である排気ガスは，自動車，船舶，飛行機などの交通手段から発生するが，主要な発生源はさまざまなタイプの自動車である。自動車の普及（モータリゼーション）にともなって発生する排気ガスは，広範囲に存在する道路ネットワーク上で排出されるため，広く地上に拡散し，周辺住民の健康に悪影響を及ぼす。

　大気汚染を引き起こす排気ガスには，一酸化炭素（CO），炭化水素（HC），窒素酸化物（NOx），硫黄酸化物（SOx），光化学オキシダント，浮遊粒子状物質（SPM）などの有害物質が含まれている。後述の二酸化炭素（CO_2）も自動車から大量に排出されているが，ここでいう有害な大気汚染物質とは性格が異なるので除外する必要がある。いずれにしても，これらの排気ガスは大気中に混在しながら，同時的に排出を続けており，騒音や振動などを含め，複合的な公害を形成している。人体に有害な大気汚染物質である排気ガスは，その発生量が少なければ自然の浄化作用によって適切に処理されるが，発生量が過大になることによって自然の浄化能力が及ばなくなり，自然環境に過重な負荷を与えるとともに，人間の健康と生命に脅威を与えるようになる。こうした複合汚染は，交通サービスの生産過程から派生的に発生する交通公害であり，負の外部効果の代表例の1つである。

③　地球温暖化問題

　地球環境問題は，地球温暖化（global warming），砂漠化，森林破壊，酸性雨，オゾン層破壊などいくつかの重大な問題を抱えている。これらは地球規模の負の外部効果を引き起こしている重要因子である。

　なかでも，地球温暖化の問題については毎年1回，世界の参加国の都市で国際会議が開催され，対応策が論議されている。会議の正式名称は，「国連気候変動枠組条約締約国会議」と呼ばれており，1997（平成9）年12月，京都市で開催された会議は3回目の会議であったため，COP3（COPは，Conference of the Partiesの略）と略称されている。京都会議では「京都議定書」が採択され，そこでは，二酸化炭素（CO_2）を中心とする6種類の温室効果ガス（greenhouse gas）の排出削減目標が定められた。京都会議で決められた対策の特徴は，①温室効果ガスの削減目標は努力目標ではなく，法的拘束力をもった義務的目標であること，②先進国全体の削減目標値と国別の削減目標値の2本立ての数値目標が設定されたこと，である。

　京都会議ではまた，温室効果ガスの削減目標の設定と共に排出権を売買する国際的な「排出権取引制度」が導入された点が特徴的である。これは，環境を経済的な市場取引の対象とすることによって，環境保全を目指す最初の国際的取り決めとして注目度が高く，曲折と限界を抱えながらも，その後の温暖化対策に強い影響力を発揮したのである。そのようななか，毎年，温暖化防止の締約国会議が継続的に開催されていき，最近の2015（平成27）年11月には，フランスのパリで第21回締約国会議（COP21）が開催され，京都議定書に代わる新たな枠組み「パリ協定」が採択された。そこでは，①すべての国が参加すること，②世界の気温上昇を2度未満に抑えること，③各国の温暖化削減目標を5年ごとに見直すこと，④長期目標としては，今世紀後半，温室効果ガスの実質的な排出をゼロにすること，など画期的な内容が盛られており，脱炭素社会への方向が打ち出されたことになる。この「パリ協定」は，採択後1年足らずの2016（平成28）年11月に発効した。

　ところで，温室効果ガスの中心物質である二酸化炭素は，大気中の割合と

しては0.035％ときわめて小さな比率であり，それを私たちが吸っても有害ではないし，地球の温度を平均して15度に保っている重要物質で，地球上の生命体にとってなくてはならないものである。問題は，その濃度が高まると地表や大気にとどまる熱が増え，地球全体の温度を必要以上に高めてしまうという地球温暖化問題を引き起こすのである。ちなみに，大気中には，窒素が78％，酸素が21％，残り1％が他の物質で構成されているが，さきほど述べたように，空気中の二酸化炭素の割合は0.035％で小さな割合となっている。

交通部門（運輸部門）は二酸化炭素を大量に排出する部門の1つであるが，交通部門の占める割合は，日本の総排出量（12億6,500万トン）の17％（2億1,700万トン）となっており，他の部門と比較して3番目の排出量となっている（図4-3）。

交通手段別では，自動車（自家用乗用車〈マイカー〉，営業用トラック，自家用トラック）が圧倒的に多くの二酸化炭素を排出しており，交通部門のなかで86％の割合を占めている。

いずれにせよ，温室効果ガスは地球規模で発生する負の外部効果の代表的

図4-3 二酸化炭素排出量の部門別割合

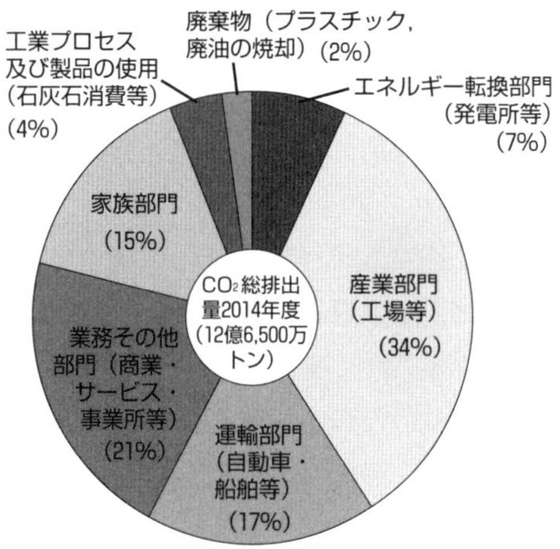

工業プロセス及び製品の使用（石灰石消費等）（4％）
廃棄物（プラスチック，廃油の焼却）（2％）
エネルギー転換部門（発電所等）（7％）
家族部門（15％）
業務その他部門（商業・サービス・事業所等）（21％）
CO₂総排出量2014年度（12億6,500万トン）
産業部門（工場等）（34％）
運輸部門（自動車・船舶等）（17％）

出所：環境省編（2016）p.107より筆者作成。

事例であり，「市場の失敗」を引き起こす大きな要因である。

（3）公共財

　一般に多くの交通サービスは，私的財（private goods）として市場を通じて供給されている。それは市場取引の対象として市場化することが容易であるからである。これに対して，公共財（public goods）と呼ばれる財は，市場が機能しにくい財であり，市場化することがきわめて難しい。

　たとえば，一般道路（一般道路サービス）を例に考えてみよう。ある企業Aが，ある地域の一定範囲の空間に，大小複数の道路網を整備すると仮定してみる。その場合，Aは，道路網を整備するため，土地の買収を行い，道路の整備・舗装，橋やトンネルの建設など大掛かりな工事を行うことになる。そのための整備費用は巨額になるであろう。さらに，Aはかかった費用を回収するため，道路サービス提供の対価として料金を課し，料金収入を確保しなければならない。そこでは，道路サービスを提供する市場が形成されることが想定されるのである。

　しかし，ここで困った問題が発生することになる。Aは，料金を徴収するため，料金徴収施設を設置しなければならない。その場合，道路の沿線には多くの住宅や店舗があるなかで，バス，タクシー，自家用乗用車（マイカー），トラック，自転車，バイク，歩行者などの混合交通に対応するため，あらゆる場所（地点）に料金徴収施設を設置しなければならない。そのための費用，つまり料金を払わない人や乗り物は道路を利用してはならないようにする費用が極端にかかってしまう。この費用は，料金を払わない人を道路の利用から排除するための費用で排除費用（exclusion cost）というが，これは莫大な金額になるであろう。このような場合，Aは，上述の「本来かかる巨額の道路整備費」プラス「莫大な排除費用」を回収するため，道路通行料金をたとえばマイカー1台当り，ある区間で1回通行すれば30万円という風に，誰もが支払うことができない非現実的な料金水準にしなければならなくなるのである。このような料金は，道路の利用を禁止してしまうほどの非常に高い

水準の料金になることを意味する。

　このように，極端に高額の排除費用が介在するため料金設定が事実上できなくなり，道路サービスの市場が成立不可能となるのである。すなわち，一般道路に関しては，道路サービスは市場取引の対象となりえず，市場化が不可能となり，「市場の失敗」が起きるのである。このような場合には，道路サービスを無償で政府が提供した方がむしろ効率的となるのである。

　交通の領域で，厳密な意味での公共財のケースは一般道路のような限られたケースになるであろう。この公共財が市場の成立を困難にする大きな要因となり，「市場の失敗」という現象を引き起こすのである。

（4）公平性

　公平性に関しては，高いモビリティ水準を享受できる人とそうでない人との「モビリティ格差」，すなわち，十分な輸送サービスを受けられる人と受けられない人との「サービス格差」現象が，モビリティ（移動性）の公平性を毀損するという問題が起きてくる。

　高齢や身体障害のため，ハンディキャップを有する身体障害者の多くが生活行動面で大きな制約を受けるが，彼らは，移動の面でも大きなハンディキャップを背負う移動制約者（the mobility handicapped）である。彼らは，移動障壁を眼前にして，あらゆる行動にブレーキをかけられ，自身の行動目的を達成することを妨げられることになる。

　格差問題は，通常は直ちに所得の格差という大きな経済問題のことになるが，ここでは交通の領域での格差問題である。両者の違う点は，前者が金銭的な側面を意味しており，後者がサービスの側面を意味していることである。しかし，本質的な面では両者は同じ中身の問題であり，違いはないのである。この格差問題は，完全に格差がない平等な状態になれば，何ら問題性がないようにみえるが，そう単純にはいかない。つまり，公平性とは何か，それをどう考えたらよいのか，といった価値判断が求められるからである。

　そこで，本書でモビリティの公平性という場合，まず移動制約者に対して

適切な水準のモビリティ・ミニマムを確保し，彼らに移動の機会（移動機会の平等）を提供することである。次に，それを前提としたうえで，現実には結果としてモビリティ格差が観察されることになるが，それを社会的に受け入れることである。この場合，公平性とモビリティ格差とは衝突せず，両立しうるのである。モビリティの公平性を侵害しない形で公正なモビリティ格差を是認する考え方は，Rawls,J.（ロールズ）の有名な「格差原理」の考え方と一致するのである。

　交通サービスの市場は，公平性を担保するためのモビリティ・ミニマムを保証するだけの包容力は持ちあわせていない。つまり，市場はモビリティ格差問題を解決する能力に欠けており，モビリティの公平性の問題にうまく対応することができず，「市場の失敗」が生じるのである。こうして，公平性の観点からモビリティ格差問題を解決するためには，政府の関与が必要となってくるのである。

第4節　政府と交通政策

（1）政府の力

　交通サービス市場における「市場の失敗」現象を解決に導くためには，どうしても政府の力（government force）が必要となってくる。政府（中央政府）は，社会全体の観点から公共政策としての交通政策を遂行する責任主体である。

　現在，多くの国では，政府が多くの分野・領域の諸問題に関与するようになっており，「大きな政府」となっているのが実情である。歴史的な時間軸でみた政府の持続的な拡大には，それだけの正当な理由があり，「小さな政府」（small government）とは程遠い大きな存在となっているのである。もちろん，政府の役割が大きくなっているとはいえ，市場の役割もまたそれ以上に大きく，政府と市場はともに大きな社会的役割を果たしているといえる。政府と

市場はそれぞれ重要な位置づけを与えられ，相互に補完的な関係にあるのである。

（2）国土交通省の役割

　わが国の政府は巨大な組織体で，各種の異なる政策を担当する多くの省庁で構成されている。交通政策を統括する最大の官庁は，2001（平成13）年に発足した「国土交通省」であるが，それ以前は，「運輸省」（当時の「建設省」や「国土庁」も交通政策に関与）が交通政策推進の要として活動してきた。国土交通省が誕生した経緯について簡潔に述べると，1998（平成10）年に「中央省庁等改革基本法」が制定され，簡素，効率的で，透明な政府を意図して，省庁の半減（行政のスリム化），内閣機能の強化（政策立案能力の強化，首相のリーダーシップの発揮）などの大枠が定められ，それを具体化するため，1999（平成11）年，中央省庁の再編，国家公務員数の削減計画などが決定された。同年には，「国土交通省設置法」も制定された。その２年後の2001（平成13）年に大規模な省庁再編による新しい政府組織が誕生し，半世紀ぶりに中央省庁の体制が一新されたわけである。これにより，運輸省，建設省，国土庁，北海道開発庁の４つの省庁が統合され，巨大官庁としての国土交通省が発足したのである。

　国土交通省は，交通に関する政策権限を１つの省に統合した一元的・効率的な組織体制となり，交通に関する総合政策官庁として大きな役割を担っている。わが国の交通政策を方向づけ，推進する政策主体の中核であり，重責を担う組織体である。また，そこに所属する職員は有能な専門家集団であり，ポリシー・メーカーである。

　国土交通省は，21世紀の総合的な交通政策を立案し推進する政府組織として，また，国民目線の〝ぬくもり〟のある交通政策の実践的遂行者として，さらに，交通政策に責任を持ち，信頼され品格のある組織体として，国民の負託に応えていかなければならない。

第5章

交通政策の主体

Learning Points

・わが国のように成熟した社会においては人々のニーズが多様化し，政府による
画一的なサービスの提供は困難になり，否応なく地方分権を進めざるを得ない
状況になりつつある。

・戦後，わが国では市場の失敗を補正する目的で多数の公企業が設立された。し
かし，これらの組織に期待された当初の目的は次第に達成され，時代とともに
必要性が薄れるものも出現した。そのため，公企業は民営化政策のなかで整理
縮小されてきた。

・民間活用が積極的に進められるなか，「PFI法」の改正によりコンセッション
方式が実施されるようになった。また，従来の公共部門に代わって地域住民が
「新たな公」として大きな役割を担うようになってきた。それぞれが抱える課
題は大きく異なるが，その流れは今後もいっそう加速すると考えられる。

Key Words

地方分権，民営化，市場の失敗，コンセッション，新たな公

規制改革は1970年代半ば以降，世界的な政策潮流となり，わが国において
も民営化や規制緩和のように市場原理を活用する動きが顕著となった。しか
し，交通においては単純に市場原理を活用するだけでは必要なサービスが供
給されなかったり，不安定化する場合がある。つまり，政府の役割は見過ご
せないのであって，社会の有り様に応じて官（政府）と民（私的部門）の役
割を適切に見定める必要がある。本章では，今日の交通政策で重要な役割を
果たす主体の役割についてそれぞれ確認する。

第1節　政府（国・地方）

（1）政府の役割

　資本主義経済のもとで営まれる経済活動は，主として家計と企業を主体と
し，両者は市場を通じて財・サービスを生産・消費している。しかし，市場
は万能ではないため，政府が市場を補完することになる。一般に，政府が果
たすべき役割は，①資源配分機能，②所得再分配機能，③経済安定化機能の
３点である。交通政策の立案・実施では，とりわけ資源配分機能や所得再分
配機能が政府に求められる中心的な役割となる。

　まず，「資源配分機能」である。公共財や外部性など，市場メカニズムの
みに依存していては社会的に望ましい供給を実現できない場合，政府は適切
に財・サービスの提供が保たれるように市場に介入する。たとえば，地域開
発やネットワーク整備による正（プラス）の外部性，あるいは公害問題など
の負の外部性が発生する場合は，政府による補正が必要となる。

　公共財は正の外部性が発生する極端なケースでもあり，供給を市場にゆだ
ねると社会的には過小供給に陥る。とりわけ，教育のように消費そのものが
他者に対する便益をもたらす「価値財」の場合は，政府のパターナリズム（温
情主義）によって消費者主権に介入し，消費を強制することが望まれる。

　次に，市場で貢献度基準により達成される分配に，必要度基準や機会均等

の基準を加味して補正する「所得再分配機能」も政府の重要な役割である。

　具体的には，社会的な生活を営むうえでのミニマムの実現や事後的な格差
の是正などがそれに当たる。再分配は現金給付だけにとどまらず，現物給付
もある。所得の少ない高齢者にバスの「敬老乗車証」が給付されるのも，現
物給付による所得再分配と理解できる。また，採算性の基準では実現が困難
であるが，地域間格差の是正を目的とした地方の道路整備は地域間での再分
配の一例である。このように，再分配は個人間のみならず地域間でも行われる。

　ただし，その再分配をどの程度実施すべきかは，しばしば政治的な課題と
して取り上げられる。一般に，効率と公平はトレードオフの関係にあるが，
完全競争市場によってもたらされる資源配分の帰結（効率性）はどの程度ま
でであれば許容できるのかという問題は，経済学のフレームワークでは論理
的・客観的に論じることはできない[1]。格差は経済社会のなかでの貢献に応
じて分配された帰結として生ずるものであるが，それをどの程度までなら許
容されるべきかという問題は価値判断の問題であり，経済学とは切り離して
考えるべきものなのである。

　今日では絶対的な生活水準が向上し，格差はあくまで相対的なものと位置
づけられるようになった。そのため，格差是正の具体的な内容・目標は，必
需的なものから，快適な生活を達成するための高次・選択的なものに変容し
つつある[2]。このように，所得再分配は公平性に関する価値判断をともなうが，
それは時代や社会によっても判断は異なる点に留意すべきである。

（2）地方分権への動き

　前節で述べたように，公共財の供給は政府として重要な役割である。効率
性の観点からいえば，受益と負担は一致させるべきである。この点で，技術
的な特性により，受益が特定の地域に限定されるような地方公共財の場合，
そのサービス供給にかかる費用は当該地域で受益する人々が負担することが

1　竹内（2008）pp.2-7。
2　林（2008）pp.7-8，p.25。

望ましい。受益側の地域住民は供給を過大に要求するであろうし，受益者とはならない地域外の人々はできるかぎり負担を免れるために供給を抑制させるインセンティブを持つからである。

　ティボー（C. Tiebout）が示した「足による投票」モデルでは，住民は自らの選好により居住する地域を選択する。その結果，それぞれの地域は同質的な住民の集団となり，彼らの選好を反映した受益と負担が可能となる。もっとも，このモデルでは完全情報の社会を前提とするだけでなく，住民の移動コストや公共財のスピル・オーバー（脱漏）効果がない場合を前提としているなど現実味に欠ける部分はあるが，地方分権化の望ましさを説明するものとして重要である。

　また，オーツ（W.Oates）が示した「地方分権化定理」では，地域間の選好の相違が社会厚生上の損失をもたらすことが示される。住民に近い基礎自治体ほど的確に住民ニーズを把握し，適時・適切にサービスを供給することができることは想像に難くないだろう。もし，国が画一的にサービスを供給すれば，地域によって過小供給や過大供給が発生し，厚生損失が生じる。

　もっとも，必需的な財の場合は住民間の選好に目立った相違はなく，厚生損失も最小限に食い止められる。しかし，今日のようにニーズが多様化すると，地域間の選好によりいっそうばらつきがみられるようになる。この場合，地方公共財の供給は国ではなく地方自治体にゆだねる方が合理的である。財政的な基盤が脆弱な地方に対する財政調整の必要性はなくならないにしても，地域がそれぞれ創意工夫をこらし自律的な地域の創生が求められている。

第2節　わが国における公企業

（1）公企業の役割

　公企業が設立されたのは，歴史的にみれば明治維新以来の産業・経済政策にさかのぼる。明治政府は「富国強兵」「殖産興業」をスローガンに掲げ，国

策と密接に結びつく政治的な背景から公企業を多数抱えてきた。第二次世界大戦が終結すると，それまで現業として一般行政機構が直接供給していた財・サービスは，GHQの指令により，一般行政機構から組織的に分離された公共企業体が担うようになった。そして，その公共企業体に独占的な供給を認める一方，料金設定を含めた事業運営全般について，政府が管理するようになった。

　この流れで公共企業体として1948（昭和23）年に誕生したのが日本専売公社と日本国有鉄道であり，1952（昭和27）年には日本電信電話公社が発足した。これらは，かねて大蔵省専売局，運輸省鉄道総局，電気通信省の現業部門であったものを改組して誕生した公企業である。なお，政府による直営事業であった郵政事業，国有林野事業，印刷事業，造幣事業，アルコール専売事業は，暫時継承された。このようにして，「3公社5現業」といわれる戦後のわが国における公企業体制が確立した。その後，公企業は高度経済成長期に起こったさまざまな社会経済問題に対応すべく，公団や事業団という形態をとりながら数多く設立された。そして，民営化政策の実施が本格化した1980年代以降では，その数は次第に縮小されつつある。

　ところで，公企業とは，「国ないし地方自治体がその資本の全部ないし一部を所有する企業[3]」である。前節で述べたように，経済主体は家計，企業，政府に大別できるが，公企業は所有の側面では政府の規制・監督下にあるという意味で公共的性格を有する一方，サービスの提供による収入と一定の自律性を確保するなど企業的性格も有する。

　もちろん，公企業の所有者は国のみならず地方自治体もある。また，その組織形態は多様であり，植草（1991）では，①現業，②公共法人，③株式会社の3つに分類整理している（表5-1）。この分類は最も基本的な区分であり，わが国の「第三セクター」も公企業の一形態として理解できる。

　公企業の設立目的は現実にはさまざまであるが，一般には何らかの公共目的の実現手段としている[4]。植草（1991）では，公企業の意義について，社会資

3　植草（1991）p.237。
4　塩見（2011）p.9。

表5-1　公企業の形態

分類	概説	例
現業	特定の官庁・地方公共団体の部局に属し，その長が経営管理責任をもって経営する事業体。	地方公共団体の公共企業体（水道・交通局等）。かつては国も現業を営んでおり，郵政事業や造幣局などがあった。現在は，独立行政法人化されるなどして国の現業は整理統合された。
公共法人	特別法によって設立され，政府・地方公共団体が出資した法人ではあるものの，経営はその組織の経営者に委託された企業。	公団，公庫，特殊法人，独立行政法人など。1980年代末の民営化前に存在した3公社（日本国有鉄道・日本専売公社，日本電信電話公社）はこれに分類される。
株式会社	株式会社（有限会社）の形態をとる公企業であって，一般に政府・地方公共団体が資本の一部を所有する公私混合企業。	いわゆる第三セクター企業など。かつては日本電信電話株式会社（現在のNTT東西），電源開発（現在のJパワー）等があったが，株式上場された現在，それらは私企業に分類される。

出所：植草（1991）p.237などより筆者作成。

本に加えて交通・電力・ガスなどの公益事業，産業・地域開発等の特定目的金融のほか，医療・保険・社会保障，公共住宅などの社会的公共サービスを広義のインフラストラクチャーと捉え，それらの経済的な特徴に注目している[5]。

　すなわち，それらインフラストラクチャー分野は，巨額の投資が必要であり，その資金調達は民間では困難である。また，そうした分野は公共財的な側面をあわせ持つとともに，外部不経済が発生しやすい。さらに，新技術の開発・導入にもリスクがともなう。つまり，いわゆる「公共目的」をもって設立されるというのは，「市場の失敗を補正する目的」といってよい。それゆえ，公企業は公的所有や規制の対象とみなされてきたのである。

　公企業の経営面では，必ずしも収益性の確保を求められるわけではないが，独立採算が原則である。そのため，一定の経営の自主性は認められているが，その程度は個々の公企業によって異なり実際には多様である。一般的に，公的所有・規制が厳しいほど企業的な側面は弱い。逆に公的所有・規制が緩くなるほど企業的な側面は強まる。

　公企業は一国の社会経済の発展段階や財政事情など，そのときの目的に応

5　植草（1991）pp.237-239。

じて設立されるものであり，その役割や特徴は時代とともに変化する。いうまでもなく，必需性や，所有や規制の根拠となった自然独占性の有無は時代とともに変化する。つまり，公企業は一定の役割を終えると統廃合や民営化などで改革を迫られる性格をもっている。したがって，1980年代以降を中心とする公企業の民営化は，技術革新など公企業を取り巻く環境の変化や組織自体の役割の再評価が行われた結果と理解できる。

（2）公企業の課題と対応

1980年代になると公企業は大幅にその数を減らしてきた[6]。1989年には，いわゆる「5現業」に加え，資金運用部や簡易生命保険および郵便年金，食糧管理などが存在したが，現在はすべて独立行政法人化あるいは一般会計化して解消されている。特殊法人についても，当時92企業あったものが独立行政法人化などにより，現在では33企業にまで縮小した。なお，交通関係で国土交通省所管の法人として，空港では新関西国際空港，成田国際空港，鉄道ではJR北海道，JR四国，JR貨物および東京地下鉄，道路では東日本高速道路，中日本高速道路，西日本高速道路や首都高速，阪神高速，本州四国連絡高速道路の計12企業がある。

ところで，公企業は，現業，公共法人，会社形態の法人，いずれの形態であっても政府から何らかの規制や関与を受ける。現業は最も管理が厳しく，予算策定から販売の際の価格決定，事業の資金調達，利益処分，さらには事業監査に至るまで，経営のあらゆる面で政府による管理がなされる。

一方，会社形態の公企業では，財務・会計は私企業と同じで官庁が採用している会計とは異なる。そのため，政府による管理はいくぶん緩和され，表面的には国は調査権限を保有するにとどまる。しかし，交付金等による各種の支援策を通じた管理を講じることが多い。公共法人はその中間的な管理として，政府や規制機関の統制を受ける。

6　地方の第三セクターは例外的に1990年代に至るまで増え続けた。

表 5 - 2　公企業に内在する非効率の要因

1	費用節約のインセンティブが生じにくい	硬直的な予算・決算制度では，前年度の実績をもとに予算計上されるとともに，予算消化が慣例となっている。
2	経営の自律性が制約される	予算・決算について議会の承認を必要とする。加えて，事業計画や利潤処分，価格等も議会の議決を必要とするため，効率化のための施策を取りにくい。
3	規制責任があいまいになる	規制機関どうし，議会と規制機関の間で必ずしも整合性がとれた管理がなされない。
4	規制の政治化	公企業に内在する既得権が政治過程を通じて決定される政策に影響を及ぼす。
5	公企業の保護体質	たとえ赤字が発生しても，補助金や交付金などの形で財政的に補てんされる。また，他企業による吸収・合併からも保護される。
6	公企業の安全重視行動	財・サービスの安定供給を第一として，各種トラブルを回避する傾向を持つ。その回避のために過剰設備や過剰人員となりがちである。
7	独占的地位の付与	他企業による競争圧力にさらされないため，非効率が温存されやすい。

出所：植草（1991）pp.256-260より筆者作成。

　これらの政府による関与は公企業の非効率性を生み出す要因の背景とみなされてきた。非効率を生み出す要因は表5-2に示されるが，端的には政府が公企業を管理することから生ずる「Ｘ非効率」が問題である。一方，私企業では市場競争の圧力に晒され，競合他社による吸収・合併あるいは倒産のリスクを常に抱えている。当時の公企業は，私企業と比べると過剰人員，労働意欲の倦怠，財務状況の悪化が深刻となり，価格の引き上げを繰り返していた。そのため，市場原理を活用することでこれら非効率の問題を打破すべく，民営化が行われた。

第3節　私的部門と政府

（1）効率性拡大への期待

　一般論として，企業は経済主体のなかで自由に市場に参加し，消費者との取引を通じて自らの利潤最大化を目指す。交通産業においては，今でこそ多

数の民間企業が市場で競争を展開しているが，以前はそうした企業はほとんど存在しなかった。民間企業であっても，参入・退出規制や運賃規制のような厳しい政府規制が課せられるか，公企業として政府の関与を絶えず受けてきたのである。その意味で，民営化政策の実施は交通産業のあり方を大きく変革する重要な出来事であった。

野村（1993）によれば，いわゆる「民営化」を厳密に解釈すれば，2つの側面に分けられる。すなわち，公的所有から民間所有に移す「国有化の解除」と，法的独占を緩和する「自由化」である。そして，それらの目的は，①政府管理の排除，②企業性の付与，③競争導入・促進である[7]。つまり，公企業にはない倒産リスクを認識させるとともに，市場メカニズムを活用することで利潤追求インセンティブの強化を通じて企業経営の効率性を高め，もって消費者に対する価格の低下やサービス水準の向上が期待された。

元来，社会資本は長期的視野に立った整備が求められるが，利潤追求のインセンティブを持って行動する民間企業では短期的視野に陥りやすく，巨額の資本を必要とするような投資には後ろ向きになりがちである。すなわち，社会資本整備においては「市場の失敗」が生ずるため，民間では望まれる社会資本を十分整備できないと考えられてきた。実務的にも，国や自治体の信用を活用して，起債の際に有利な条件で市場から資金を調達することができるというメリットがあった。

その一方で，前節で指摘したような公企業に内在する非効率性は大きな課題と認識されるようになった。そうしたなかで，技術革新や新たな商慣習により，以前は問題であった企業側のコストの問題は大きく改善した。また，独占企業の構造分離により，産業の一部に競争を導入することが可能と考えられるようになった。国鉄民営化や高速道路民営化をはじめとして，交通インフラの分野においても，このような新しい考え方のもと民営化された事業は多い。

7　野村（1993）pp.111-115。

（2）コンセッション（concession）による民間企業の活用

効率的かつ効果的に社会資本を整備するとともに，国民に対する低廉かつ良好なサービスの提供を確保することはきわめて重要性の高い政策目標である。その方策として期待されるのが，民間の資金，経営能力および技術的能力を活用することである。もちろん，従来から政府の民間活用はさまざまな形態で実施されてきたが，なかんずく「コンセッション方式」は，国や地方の財政が厳しくなりつつあるなかで，今後の社会資本整備における切り札と考えられている[8]。

なお，コンセッション方式は，所有権を公共が有したまま民間事業者に公共施設の運営権（コンセッション）を売却し，民間に料金設定と施設の運営に関する権限を開放するもので，2011（平成23）年のいわゆる「PFI法（民間資金等の活用による公共施設等の整備等の促進に関する法律）」の改正で可能となった。

コンセッション方式は従来型のそれとは異なり，所有権を公共部門に残しながらも，独立採算として民間事業者が自ら資金調達と回収を行い，より広範な経営リスクを民間に移転させる点で画期的といえる。従前の民間業務委託は「仕様発注」にすぎず，当該施設の仕様を公共があらかじめ決め，業務の一部を民間が肩代わりするものにすぎなかった。また，「性能発注[9]」に基づくPFIの仕組み自体は1999年に導入され，民間の裁量による効率的な施設整備が期待された。

ただ，その場合も「サービス購入型」に分類され，基本的には建設資金や事業運営費を政府から延払いで受けとる側面が強く，民間は公共部門から設

---

8 2013（平成25）年6月に閣議決定された「PFI/PPPの抜本改革に向けたアクションプラン」においても，PFI/PPPは財政状況の厳しさが増すなかで，「真に必要な社会資本の整備と財政健全化を両立させるための切り札」と位置づけられている。政府は2013年度からの10年間でコンセッション事業は7兆円の市場規模に育てることを目標として掲げている（内閣府 2016, p.6）。
9 性能発注では，達成すべきサービス水準こそあらかじめ設定して公共が民間に発注するものの，その達成手法は民間の裁量にゆだねられる。

備投資の資金を回収するにとどまっていたうえ，民間を活用できる範囲も新たな施設整備にかぎられていた。その点，コンセッション方式は基本的には「独立採算型」で利用者負担によりサービスが提供されるとともに，既存施設の民間運営にも道を開いた。

　現在ではコンセッションは空港や上下水道，道路など幅広い分野で活用されている。ただし，空港の場合は「空港法」で空港の設置者および維持管理者の定めがあった。たとえば，空港法で「国管理空港」と分類されていれば，その設置および維持管理は国が行うこととされており，民間が維持管理することは想定されていなかった。つまり，改正PFI法の存在を根拠として即座にコンセッション方式を適用することはできなかった。そのため，2013（平成25）年には「民間の能力を活用した国管理空港等の運営等に関する法律（いわゆる「民活空港運営法」）」が制定され，空港分野においても民間運営を検討できる道が開かれた。

　なお，コンセッション方式の枠組みを活用する際には，事業の出資母体と

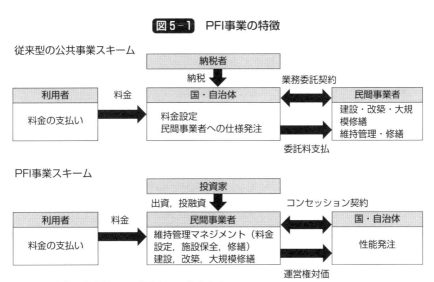

図5-1　PFI事業の特徴

出所：国土交通省資料、その他資料より筆者作成。

なる企業の信用ではなく，当該事業そのものの信用力を担保とした資金調達が可能となる[10]。これにより出資母体の事業リスクと切り離した運営が可能となり，民間資金を活用する機会が拡大すると期待される。また，債券・エクイティなど，多様な民間資金の活用により，効率的な事業の選定や運営に資するものと期待されている。

しかし，運営権の設定においては民間事業者への過大なリスク転嫁は，運営権の途中放棄や設備投資の遅滞につながる。イギリスのルートン空港では設備投資の規模や期限に関して，空港所有者と運営権保有者との間で認識に"ずれ"が生じ，当初のコンセッション契約の内容を巡る係争にまで発展した。インフラ投資・更新の場合は概して不確実性をともなう大規模投資となりやすく，どのように公共部門がかかわるのか慎重な制度設計が求められる。

第4節　その他の組織体——非営利組織（NPO）・住民組織等

（1）「新たな公」に対する期待

交通分野には，営利事業としてサービスを提供しようとすれば不採算になってしまうとはいえ，住民生活を支えるうえでは不可欠なサービスもあり，これをいかに確保するかという課題もある。地方では人口減少と少子高齢化が進行し，従来あったサービスの維持困難になりつつある。ところで，谷本（2012）によれば，「人口減少」と「少子高齢化」はよく似た言葉ではあるが，その指し示す意味とその影響は異なる。まず「人口減少」は文字どおり人口が減ることである。この現象は交通需要の量的な減少をもたらし，ひいては人口密度の減少を通じてサービス提供のための条件を悪化させる。交通サー

10　一般のコーポレート・ファイナンスでは，当該事業を営む新会社への出資により，その出資企業の負債比率が影響を受ける可能性もある。逆に，出資企業の信用次第で当該事業にかかる資金調達の条件に影響を与えるおそれもある。この点，プロジェクト・ファイナンスに基づく資金調達では，当該事業を担当する特別目的会社と出資者の信用を切り離すことができる。

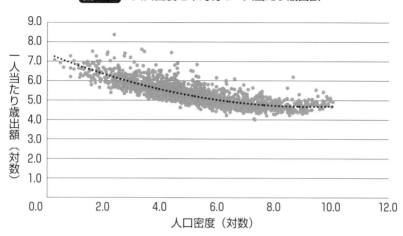

図 5-2　人口密度と市町村の１人当たり歳出額

出所：総務省「令和2年度全国市町村別決算状況調」,「令和2年国勢調査」より筆者作成。

ビスに限らず，一般的に人口密度が低い地域ほど１人当たりの行政コストは高くなる傾向がある（図5-2）。

　また，「少子高齢化」は絶対数というよりも，相対的な人口構成の割合が変化することを指し，具体的には高齢者の割合が増加することをいう。一口に高齢者といえど，定期的に通院する人としない人，マイカーを自身でも保有し運転できる人とそうでない人，健脚で１人で出歩ける人と介助が必要な人など，さまざまである。つまり，交通需要は高齢化が進めば多様化する。

　従来であれば，平均的なサービスを提供していれば一定の需要をカバーすることができたが，今後は需要そのものが低下するばかりでなく，よりきめ細やかなサービスが求められるようになる。これらを通じて，よりいっそうサービス提供にかかる費用が高まり，民間事業者の自助努力だけに頼ったサービスの維持は困難となる。

　このように，必要な財・サービスが市場メカニズムを通じて供給されないということになれば，それは公共部門の役割となる。なかんずく地方自治体は住民と普段から接する関係にあり，その役割に対する期待は大きい。しか

し，地方自治体は住民に近い位置にあるとはいえ，必ずしもきめ細やかなサービスを提供できるとは限らない。公共部門はサービスの提供において不平等が生じないように配慮しなければならないほか，コストの面でも多様化するニーズにすべて対応することは困難だからである。

　そのため，近年では画一的な対応しかできない行政に代わって，住民自らが主体となってさまざまな地域課題を克服しようとする動きが盛んになってきた。2008（平成20）年に策定された「国土形成計画」では，住民自らが主体となって地域課題に取り組む「新たな公」という概念が提唱され，市民らの共助に基づく地域社会の形成を促進している。

　また，2015年に国連で採択されたSDGs（Sustainable Development Goals）の観点からも市民参画に対する期待は高まっている。SDGsでは，環境のみならず社会の持続可能性も企図しているが，それを担う主体として政府以外の民間・市民組織にも期待しているのである。こうした流れから地域社会の活性化に向けて官民一体となった取り組みも加速している。

　しかし，そうした共助社会を実現するためには，活動の担い手となる組織の自発性や持続性が重要なポイントとなる。そのため，無償ボランティアではなく，収益性が見込まれ事業化が可能なものはビジネスの形式として継続的に取り組めるような体制づくりが望まれる。そのようなビジネス手法を取り入れた取組みを行う組織を，経済産業省（2008）では「ソーシャルビジネス」と総称している。収益性を確保する点では一般の民間企業と同じであるが，それらはあくまでさまざまな社会的課題に取り組むことを事業活動の主目的として掲げている点が特徴である。従来は社会課題の解決は政府（国や自治体）の役割だと考えられてきたが，民間がビジネスの手法を取り入れて社会的課題を解決しようとする新たな動きが出てきたのである。こうした組織は一般的に「地域や社会に貢献し，行政や一般企業では行き届かないきめ細やかなサービスの提供が可能になる」というよい印象をもたれており，今後の活動の領域のみならず質の面でも成長が期待される。

　ソーシャルビジネスの実態については，前述の経済産業省（2008）や日本

政策金融公庫（2014）が包括的な調査を行っている。調査時期や調査対象が異なるため結果の傾向は若干異なるが，高齢社会の到来や人口減少を受け，地域活性化や高齢者支援など福祉関係に対する取り組みが大半である。交通分野を活動の中心に据えている組織は経済産業省（2008）によれば全体の約２％の組織しか取り組んでいないという結果となっているが，高齢化の進展とともにモビリティの確保や買い物環境の確保は地域の大きな課題となるし，人の移動・回遊性の確保は地域活性化とも密接に関係する。その意味で，地域活性化や保健・医療・福祉の分野，あるいは高齢者の自立支援の一環として，地域の交通問題にも取り組む主体が出現すると期待される。

（2）共助社会の実現に向けた課題

　共助社会の実現に向けて，「新たな公」を担う多様な主体の育成と環境整備はますます重視されつつある[11]。ところが，現状では公共部門の新たな担い手として期待されるこれらの組織は，人的・資金的な両面において潤沢な資源を有しているわけではない。国土交通省（2010）の調査によれば，１団体当たりの平均スタッフ数は常勤・非常勤を含めて12.1人にとどまるほか，組織の運営においても「人材を育成する資金的・人的余裕がない」という課題を抱えている[12]。

　また，半数程度の組織は，団体としての年間総収入額が500万円未満にとどまる。こうした団体では，地域からの無償労働の提供や，施設や用地の無償・低価格での提供など，収支には反映されない支援に支えられている。そのため，組織運営のための資金調達は，行政や民間からの委託事業や補助金に依存するウェイトがきわめて高く（68％），自主財源は約23％，借入金にいたっては約３％にとどまっている。

　資金調達の手段が限られるという課題は，大半の組織が任意団体や特定非

11　国土交通省（2015）pp.50-54。
12　国土交通省（2010）pp.13-14。なお，経済産業省（2008）では常勤・非常勤の区別がなされており，半数以上（52.6％）の団体の常勤職員数は5人未満にとどまっている（p.37）。

営利活動法人の形態をとらざるを得ず，いわゆるビジネスとして取り組む営利法人としての組織がきわめて少ない現状と表裏一体の関係にある[13]。全体の半数近く（約47％）が特定非営利活動法人で，株式会社や有限会社等の営利法人としての形態をとっているものは全体の約21％にとどまっている[14]。

　これらの組織運営にかかわる課題は，先に紹介した日本政策金融公庫（2014）でも同様の結果が示されており，調査時期や対象にかかわりなく一般的な課題として今後解決すべき問題である。

　社会的な課題解決のための事業の多くは，収益性の高い事業ではないが，ビジネスの手法を用いて持続性をもたせるということこそがソーシャル・ビジネスに期待されることでもある。つまり，資金・金融的な観点から組織をマネジメントすることが今後はよりいっそう重要である。

　しかし，現状では金融機関などの貸し手側が組織の事業遂行能力や返済能力に習熟していないばかりでなく，組織側も貸し手に返済に関する適切な情報提供ができていない[15]。その意味でも，事業運営や金融知識などを併せ持つ高度な人材獲得が望まれる。そして，研究機関や一般企業との人材の流動化が1つの解決手段となると考えられている。

13　国土交通省（2010）では，調査対象の121団体のうち，任意団体（51.2％），特定非営利活動法人（36.4％），株式会社（2.5％）と報告されている（p.12）。また，経済産業省（2008）では，特定非営利活動法人（46.7％），株式会社や有限会社などの営利法人（20.5％）と報告されている。
14　経済産業省（2008）p.34。
15　国土交通省（2010）p.16。

第6章

交通政策の手段

Learning Points

・交通政策の決定プロセスを理解する。
・とられる政策の種類とメリット・デメリットを理解する。

Key Words

直接供給，助成政策，規制，補助

第2章でも述べたように，ある交通問題が発生した場合，行わなければならないことや利害関係者が多いため，その解決は決して容易なものではない。それゆえ，政策というかたちで解決が図られることが多くみられる。

　では，そもそも交通政策としてどのようなことが行われ，誰が利害関係者（当事者・主体）になるのであろうか。実はこの点の把握は，交通政策を有効に機能させるために非常に重要となる。

　利害関係者（当事者・主体）の話は第5章で扱うので，ここでは政策策定のプロセスを確認しておき，そのうえで行われる政策の種類と手段について扱うことにしたい。

第1節　はじめに─交通政策の策定プロセス

　まず，交通政策がどのように策定されていくのか，そのプロセスを把握しておくことは重要である。ティム・パウエル（2008）によれば，交通政策が策定されるまでのプロセスとして，以下の7つを指摘している[1]。

（1）政策の立案

　必要性が認識されている問題への対応，あるいは将来的に観測される事柄への対応として，政策が立案されるのがこの段階である。たとえば，現在起きている交通渋滞という問題に対して道路改良を行うという政策は前者に当たり，将来的に需要量が容量をオーバーする見込みがあるため新たに道路を建設するという政策は後者に当たる。プロジェクト型・社会資本整備のような政策は後者が多い。

（2）政策の策定

　（1）で立案された政策について，必要な施策の整理や，実施方法の決定（実

1　以下はティム・パウエル（2008）pp.18-23より筆者が要約したものである。

行スキームの策定）を行うのがこの段階である。

（3）効果の予測

　策定された政策でも，それを行うことに意味がなければ実行することはできない。政策を実施することの意味，すなわち利点を検討するために必要なこととして，効果の予測が行われる。

（4）利得者と損失者の識別

　どのような政策でも，利益を受ける人もいれば損失を被る人も出る。また，虚偽の意思表示がなされると，政策の実行に困難をきたす場合がある。利益・損失を直接的・間接的に受ける者を識別するのは，その把握が重要だからである。

（5）各主体の費用便益分析（評価）

　その政策の実行により，各主体が得られる（失う）収入・便益と，実行により要する費用を把握することも重要である。ここでいう費用には，金銭的費用のほか，時間を金銭換算した時間費用，その政策を実行せずにほかのことを行った場合に得られたであろう収入（その収入を失ったという意味で費用と見なし，これを「機会費用」という）も含まれる。また，サービス水準・質の評価も金銭換算して費用・便益に含まれる。

（6）全体としての費用と便益の集計

　ある政策を行うことで関係するすべての主体ごとに計算された⑤の費用・便益を合計し，全体の費用と便益を算出する。この際は二重計算にならないように留意する必要がある。

（7）その政策の採否・修正の判断

　（1）から（6）までのステップで政策評価の材料をそろえ，最終的にそ

の政策を実行（採択）するか否かを決定する。場合によっては，必要な修正を加えて再評価するということも行う。

この7段階それぞれにおいて，やるべきことも多く，多くの主体が関係することが理解できるであろう。

第2節 交通政策の種類

そもそも，交通政策とは，政府の目的を達成するために行われる交通関係の施策である。政府の目的について簡単にまとめると，社会的厚生の最大化と所得分配の公平性確保である。この目的達成のために行われる交通政策は，大きく以下の2つにまとめることができる。

（1）直接的な介入の政策

サービスの直接供給（生産）に政府が干渉することで政府の目的を達成する政策である。干渉の方法としては，インフラ投資の実施（道路整備など），サービスの直接供給（公営バスや地下鉄の運行など）がある。

（2）間接的な市場干渉の政策

市場における企業や家計の行動に政府が干渉することで政府の目的を達成する政策である。干渉の方法としては，価格・供給水準などの規制政策，運営費補助などの金銭的支援がある。

第3節 交通政策の手段

交通政策の手段としては，政府が直接サービスの供給（生産）を行う直接供給，サービスは民間または政府が行いそのサービス供給に対して一定の制限を加える規制政策，サービス提供に際して財政的支援を行う助成政策，の

3つに大きく分けることができる。

以下，これらについてみていくことにする。

（1）直接供給

直接供給とは，政府が直接サービスの供給（生産）を行うものである。これには，2つのパターンがある。

①　インフラへの投資

道路投資，新幹線など，その投資に巨額の資金を要するようなもの，あるいは国民生活に大きな影響を与えるものについては，後にも述べるような投資過程でのリスク軽減のために，政府（公共）が投資する場合がある。

②　サービスの供給

直接供給で多いのはこのパターンである。大都市部（東京・大阪など）でみられる都営・市営などいわゆる公営のバス・地下鉄は，政府が直接交通サービスの供給主体となって生産しているケースである。

上述のパターンは大規模の都市がほとんどであるが，近年では民営バス事業者の路線撤退により，その代替輸送手段の確保としてコミュニティバス・輸送サービスを自治体自ら提供する市町村が増加している。なかには民間事業者に運行部分のみ委託している場合もあるが，完全に直営で行っている場合もある。

では，なぜ政府が直接供給しないといけないのであろうか。交通サービスの供給は，日本では原則として市場原理に基づき民間事業者が自発的に供給することになっている。しかし，市場原理が適用できないような，つまり市場原理に任せるとうまくいかないところがあるからこそ，政府の直接供給が認められる，というのがその基本的な理由である。

ここでは，政府が直接供給すべき要因が何かについて，以下の3つを挙げておきたい。

① 投資額が巨額で不確実性があるもの

　大都市の地下鉄は，巨額の建設費がかかるため，民間企業では費用の償還が困難である。そのため，第三セクター・公共が建設することが原則となっている。東京にある東京メトロ（旧帝都高速度交通営団）は民間会社とされているが，株主は国と東京都であり，実態は公営と同じようなものである。

　また，新幹線・空港・道路の建設は，将来の需要予測をもとに行われるが，建設費が巨額なため，建設費の償還が大きく，将来需要のリスクに耐えられない部分を有している。そのため，国が整備計画等をたて，一定の公費を入れて公共が整備することが行われている。いわゆる「整備新幹線」については，建設費を国と地元自治体が負担し，鉄道・運輸機構が所有して運行主体のJRから使用料をとることで，建設費財源の一部に充てている。また，高速道路の一部については「新直轄方式」と呼ばれる，建設費を公共が負担し通行料を無料で開放しているものも存在している。

② 民間で採算がとれないが必要なサービス

　地方鉄道は，地方部の人口減少やそれにともなう利用者の減少等で，民間企業・JRでは維持が困難になっている。そういった鉄道の一部では，公共（政府）が出資する第三セクターによる運営がなされている例がある。

　また地方のバスも同様に需要が減少し民間では維持が困難になっている。鉄道よりもカバーするエリアが広いことや，日常生活上の必要度が高いことから，民間事業者が維持できない部分について行政が確保するしかない場合もある。こういったケースでは公共が供給することがあるが，実際は民間事業者へ運行を委託することが多く，実態としては補助政策に近い。

③ 大都市部のバス（東京，名古屋，大阪など）における直接供給

　この例は上の①②には当てはまらない。そこで，本当に直接供給する必要があるのかが問題となる。これらの都市では，過去に路面電車等を有してい

て，その代替交通としてバスを運営するなどの経緯があり，地域独占的な運行の継続が旧道路運送法の需給調整規制で守られていたこともあって，現在でも直接供給が続いているものである。

ただし，近年公営交通が財政に与える負担が大きくなっていること（とりわけ人件費が高いこと），民間事業者も存在しており経営できない理由はないこと，公共がサービスを供給するがゆえに政治的に路線がひかれた例も少なくなく問題視されていること，などがあり，民間委託などを含めた民営化が進んでいる。

直接供給には，メリットもデメリットも存在する。直接供給を行うメリットとしては，以下の2点がある。

1) 政策を立案する主体と実行する主体が同じであることから，政策目的の達成が容易であること。
2) 政府（公共）の目的は採算性が第1ではないため，サービス供給が安定的になる可能性が高いこと。

一方，デメリットとしては，以下の2点がある。

1) 相対的に，民間と比べ費用効率化のインセンティブに劣ること。
2) 雇用など制度面での制約が強いため，柔軟な対応が難しいこと。

（2）規制政策

サービスの供給は民間または政府が行い，そのサービス供給の行為やサービス内容を政府がコントロールするものである。

規制のような制約は原則ない方がよい，というのが経済学における理想的な社会の姿である。しかし，完全に市場原理に依存した場合に，たとえば不当廉売のように取引の公平性をゆがめる行為や，（採算性確保が行き過ぎて）サービス供給水準の低下が起きる可能性があること，質の低い事業者が入る可能性があること，事故等安全上の問題が起きたときの対応に支障をきたす

こと，などがありうる。このような問題が発生すると，サービスの供給者・利用者双方の厚生水準を低下させるため，それを防ぐための規制をかけることが合理的とされる。

　規制政策の例としては，価格規制（タクシーなどにある運賃の認可制），参入・退出規制（需給調整規制），安全性の規制（労働基準法，道路運送法，道路交通法など），サービス提供に関する規制（補助制度などで一定サービスの供給を義務化するもの）などがある。

　規制政策にはメリットもデメリットも存在する。メリットとしては，以下の2点がある。

1)　資源配分の非効率を修正できること。

2)　（直接供給に比べ）行政のコストを抑制できること。

　一方デメリットとしては，以下の3点がある。

1)　完全に自由な状態と比べると供給不足や価格上昇が起きること。

2)　自由な企業行動を制約することで非効率が発生する可能性があること。

3)　競争・企業努力等の刺激が少なくなる可能性があること。

　なお，規制政策に関する詳細は，第7章と第9章を参照されたい。

（3）助成政策

　サービスの供給は民間または政府が行い，そのサービス供給にかかる費用の一部を政府が負担することでサービス供給を安定化させるものである。

　では，なぜ政府が助成しないといけないのであろうか。交通サービスの供給は，日本では原則として市場原理に基づき民間事業者が自発的に供給することとなっている。しかし，大規模投資のように投資額が巨額で不確実性があるものや，民間で採算がとれないが必要なサービスについては，市場原理に任せると民間で自発的に供給する主体が極端な話いなくなり，サービスの必要量に比べて供給量が過小になる可能性がある。このような状態を防ぐた

めに，政府の助成によりサービス供給上のリスクを軽減することが認められるのである。

　助成政策の例としては，以下の4つを挙げておきたい。

①　建設等投資に対する補助金の支出（資本補助）

　鉄道の整備・修繕など，大規模な投資額を要するインフラ等に対して助成を行うもので，通常資本部分への投資に対しての補助であることから資本補助と呼ばれる。鉄道事業法等での整備費・修繕費補助はこの例である。

②　運営費に対する補助金の支出（運営費補助）

　運営費用に対する補助金で，現在でも乗合バス運行費補助，離島航路補助などが存在している。乗合バスの補助制度は1990年代から大幅に国の負担割合が縮小され，地方の負担比率が高まっている。かつては地方鉄道に対する欠損補助もあったが，1997年度までで廃止されている。

③　間接的な補助金

　たとえば，福祉施策としての高齢者にバス乗車券を与えるような施策（自治体が発行する「高齢者パス」なども含む）は，直接交通事業者に補助金を支出するのではなく，高齢者に対して目的を特定化した補助金を与える形をとっているが，これは間接的にはバス事業（者）への補助となっているケースの1つである。通学に対する定期代の補助もこれに近いものである。

　そのうち，高齢者向けの「福祉パス」に代表される福祉乗車券は，移動支援・高齢者福祉等の目的で発行され，最終的には実運賃と旅客負担との差額などを交通事業者へ補助する形になっているものが多い。ただ，均一運賃などで乗降の正確な把握ができないといった事情から，概算で一定額を福祉部局の予算から支出し，たとえば市営バスであれば交通局の予算へ回しているケースがみられる。このような高齢者向けの優待策は，高齢者の増加とともに財政負担が大きくなっているほか，高齢者だけに補助することが公平性担

保の面で問題になっている。そのため，最近では高齢者パスを支給しても無料ではなく一定額の負担を求めるケース（有料化）や，こういった制度そのものを廃止する流れとなりつつある。

④　地方における自立支援

　2007（平成19）年施行の「地域公共交通活性化・再生法」（以下，活性化再生法）では，地域の公共交通再生に関する取組みについて，自立可能な形での維持ができるよう，一定の計画策定を条件に数年程度の支援を行う制度が存在する。ただ，その内容はより一層地方に自立を求める方向に変化しており，同法制定時のいわゆる「総合事業」（連携計画策定に基づく）から「地域公共交通確保維持改善事業」を経て（この事業自体は現在も存在），2014（平成26）年の改正で「地域公共交通網形成計画」「地域公共交通網再編実施計画」といった自立型の支援を行う形態へ変化している。

　さらに，2020年に活性化再生法が再度改正され，「地域公共交通網形成計画」が「地域公共交通計画」へ，「地域公共交通網再編実施計画」は再編を前提としない利便増進策も対象とする「地域公共交通利便増進計画」へと体系が変化した。2020年改正後は，一部の運営費補助金（いわゆるフィーダー補助）の交付を受けるには計画策定あるいは有効期間内の計画があることが条件となったほか，計画策定が自治体にとっては努力義務化されるなど，マスタープランをもって地域の公共交通網全体に補助をしていく方向にシフトしている。

　以上が助成政策の代表的なものであるが，「補助」という名がつくものに事業者の「内部補助」というものがある。これは補助金でも助成政策でもなく，事業者の内部で黒字が出ている部門の利益で赤字の部門を補てんする仕組みのことである。日本の乗合バス事業は，2002（平成14）年以前の参入退出（需給調整）規制があった時代は，路線撤退が容易には認められていなかったため，事業者の自助努力としてこの仕組みで不採算路線を維持していた。

これはつまり，事業者が自らの財源で「補助」していたようなものである。しかし，2002年の規制緩和により参入退出が原則自由になったうえ，路線バス事業の収益性が悪化し内部補てんの原資がなくなっていること，公的補助制度の改定で内部補てんできない分の公的補てんが期待できないことから，内部補助に依存するビジネスモデルは近年見直しが進んでいる。

　助成政策にはメリットもデメリットも存在する。メリットとしては，以下の3点がある。

1)　基本的に民間が運営しているため，効率性を維持したまま維持可能にできること。

2)　経営リスクの分散（緩和）が可能になること。

3)　（直接供給に比べ）行政のコストが抑制できること。

　一方デメリットとしては，以下の3点がある。

1)　補助に甘えて効率化インセンティブが劣ること。

2)　補助制度が自由な企業行動を制約し非効率が発生する可能性があること。

3)　必要かどうかの議論より，政治的意向等が働いて政策が進む可能性があること。

　特にデメリットの3)は大規模プロジェクトでみられ，政治的意向でプロジェクト実行が前提となってしまい，そのために助成政策が正当化されることはよくみられる（新幹線や道路の整備など）。本来は，補助を出すとしてもそのプロジェクトが，実行するメリットを持っており，補助などの支出によるデメリットを上回っているのかがまず議論されるべきである。しかし，補助制度は政府が実行主体であるため政府へ影響を及ぼす主体の意向に影響されやすいので，本質的な議論をゆがめてしまうという点で大きな問題をはらんでいると考えることができよう。

第7章

交通市場における規制および規制緩和

Learning Points

・交通市場における規制および規制緩和の根拠を理解する。
・交通市場における規制および規制緩和のメリット・デメリットを理解する。

Key Words

公的規制，費用逓減，情報の非対称性，規制の失敗，規制緩和

交通市場における公的規制の種類

　交通サービスは他の多くの財・サービスとは違って，公的規制を受けている，あるいは受けやすい性質をもっているサービスである。そこで，ここでは，第6章でもふれた公的規制の種類についてさらにみていこう。公的規制は，以下の2種類に分類できる。

① **経済的規制（量的規制）**

　経済的規制とは，企業の参入・退出，価格，サービスの量と質，投資，財務・会計の行動等を規制するものを指す。より具体的には，価格規制，参入・退出規制（需給調整・競争制限的規制）および数量規制に分類できる。

② **社会的規制（質的規制）**

　社会的規制とは，安全・健康の確保，環境の保全，災害の防止等を目的として，財・サービスの質やその提供に一定の基準を設定したり，禁止・制限を加えたりする規制を意味している。具体的には，環境規制と安全規制などがある。

　このうち，本来市場メカニズムが決定すべき価格や取引量を制限する経済的規制については，従来から規制のメリット・デメリットについて検討がなされてきた。そこで，次節では，交通市場における規制の根拠について，特に経済的規制を念頭において，説明していこう。

第**2**節 **経済学からみた交通市場における規制の根拠**

　交通市場における規制の根拠はどのようなものだろうか。伝統的なミクロ経済学からみた規制の根拠を端的にまとめると，これまでみてきたような「市場の失敗」への対応である。特に，第3章でも説明した自然独占の原因とも

なる費用逓減という性質は重要である。

　鉄道事業のように，いわゆる費用逓減産業で自由な競争をさせると，破滅的競争の結果，自然独占に至ることがわかっている。自然独占は，①埋没費用の発生および②価格の上昇という点で，社会的余剰を最大化しない結果となることが知られている。

　そのため，費用逓減産業の場合，規模の経済というメリットを生じさせながら，デメリットである破滅的競争を防ぎ，自然独占の弊害を取り除く必要がある。そこで，政府が市場介入を行い，自由な競争を制限する代わりに，「市場の失敗」を改善させる規制政策を行う根拠が生じる。

　それでは，この場合はどのような規制を課すべきなのだろうか。第1に，破滅的競争・埋没費用の発生の防止を目的とした参入・退出規制を課すことが考えられる。このうち，参入規制の目的は，破滅的競争を防止し，かつ規模の経済の効果を享受するために，1つの企業にあらかじめ独占的供給権を付与することである。同時に，参入規制が課されると独占的に交通サービスが供給されるため，独占企業の一方的な市場からの退出は交通サービスが提供されなくなることを意味する。したがって，退出を制限する退出規制もあわせて課される場合が多い。

　しかし，上述のような人工的な独占状態を放置しておけば，独占企業が価格を法外に上昇させることが考えられる。その結果，社会的余剰の最大化を達成することができなくなる可能性が高い。

　そこで，第2に，独占的供給権を付与された企業が価格を設定する際に，独占価格とならないように価格規制を行う必要性が生じる。このため，参入・退出規制と価格規制はセットで実施されることが多いことがわかる。このとき，価格規制下の価格は市場メカニズムを経ていない価格となるため，価格規制下での望ましい価格水準・体系はどのようなものかについて別途検討する必要がある。このような規制下での価格・運賃の検討は第8章に譲る。

　経済的規制を課す際のもう1つの経済学的な根拠となるのが，情報の非対称性である。多数の企業によって構成される産業において，消費者が事前に

価格やサービスに対する十分な情報が確保できない場合に，公的規制を課す根拠が生じる。たとえば，交通分野では，流し営業のタクシー市場がこれに当たる。

第3節　規制の失敗とインセンティブ規制

　前節でみたように，経済的規制を課す主な経済学的な根拠としては，費用逓減（自然独占性）と情報の非対称性の2つがあった。しかし，仮に規制の根拠があったとしても，規制も万能な手法ではないため，市場と同様に規制も失敗することが知られている。ここでは，経済的規制のなかでも価格規制に着目して，規制の失敗を考えてみよう。

　第8章で詳しくみるが，交通分野での実際の運賃の決定には，「適正な原価」と「適正な利潤」を合計した総括原価（フルコスト）に基づく運賃の決定原則が採用されている。これを総括原価主義と呼ぶ。この「適正な利潤」を計算するために，以下のような公正報酬率方式とよばれる計算が行われる場合がある。

　　総括原価＝営業費＋レート・ベース×公正報酬率＝運賃収入……（1）

　ここで，公正報酬率とは，投下された資本に基づいた利益率を意味し，経済学的には，企業が保有している資本を仮に他の事業に使用していたならば得られたと考えられる利益である資本の機会費用と一致すべきものである。また，レート・ベースとは，企業もつ正味の資産価値であり，以下の式で表される。

　　レート・ベース＝使用資産額―使用資産の減価償却累積額……（2）

　これらの数値を使用して公正報酬率方式は総括原価を計算するが，運賃計算の基礎となる，このような原価計算方式は，交通企業の収支均衡がその目

標であり，企業の経営の安定性は確保するが，資源配分の効率性が考慮されていない。

　くわえて，このような原価計算方式は，経営効率を改善して費用削減が達成できても，規制当局によって運賃が引き下げられるだけで，企業にとって経営効率を目標とするメリットはない。そのため，レート・ベース方式で運賃規制が行われるとき，企業は最適な生産要素の組合せのときに比べて，資本の量を相対的に過大にするという問題（アバーチ・ジョンソン効果）が指摘されてきた。

　このように，たとえ規制の根拠があったとしても，規制の課し方によっては期待されたように機能しない，いいかえれば規制が失敗することが明らかとなった。そこで，交通市場でも，経営効率改善に焦点を当てた運賃規制が検討されることとなった。このような運賃規制の総称をインセンティブ規制と呼ぶ。そのうち，以下ではヤードスティック規制とプライス・キャップ規制についてみていこう。

（1）ヤードスティック規制

　ヤードスティック規制とは，直接競合関係にない事業者の間で，一定の比較対照となる指標（ヤードスティック）を設け，その指標を基準として経営を間接的に競わせる規制のことである。

　より具体的には，自然独占を基本とする一部の交通事業や電気事業，ガス事業および水道事業といった公益事業において直接競合関係にない事業者の原価比較を行うなど，地域別の事業体を比較することである。

　図7-1は鉄道事業におけるヤードスティック規制を説明している。(a) は経営効率のよい事業者の場合である。当該企業の実績コストがグループ（JR，大手民鉄および地下鉄）ごとの単位規模あたりの基準値である基準コストを下回る場合，基準コストと実績コストの差額の中間を適正コストとしたうえで，前回の運賃改定からの効率化努力の半分を認定し，企業にも経営努力を行うインセンティブを付与する。反対に，実績コストが基準コストを上回る

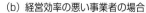

図7-1 鉄道事業におけるヤードスティック規制

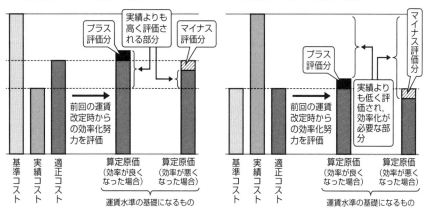

出所：消費者庁資料より抜粋。

場合，つまり経営効率の悪い事業者の場合，基準コストがそのまま適正コストとなり，当該企業に経営効率を促す仕組みとなっている。

（2）プライス・キャップ規制

　プライス・キャップ規制とは，運賃・料金の水準に上限を設け，この上限以下での運賃・料金の変更を自由化する規制である。プライス・キャップ規制の主な特徴として，下記の2つがある。

　1）運賃の設定に際して直接的に原価の算定を行わない。
　2）運賃は上限のみを設定するだけで，上限以下であれば企業は自由に運賃を設定してもよい。

　より具体的には，プライス・キャップ規制は以下の式によって表すことができる。

$$p_t = p_{t-1} + p_{t-1}\ (I_{t-1} - X) \times \frac{1}{100} \quad \cdots\cdots(3)$$

p_t：t 期における上限の運賃水準，I_{t-1}：1 期前の物価変動率（％）
X：企業の当期の生産向上率（％）

　プライス・キャップ規制は，1 期前の運賃水準のみ参考にするため，規制当局が当該企業の原価をチェックするための大変な労力や時間を削減することができる。また，総括原価に基づく運賃規制とは異なり，経営努力を行っても運賃を引き下げられることはないため，企業に経営努力を行うインセンティブが付与される。

　プライス・キャップ規制は通信分野で主に採用されてきた。たとえば，NTT東日本・西日本が提供する，利用者の利益に及ぼす影響が大きく，国民生活・経済に必要不可欠なサービス（加入電話・ISDN電話等）に対して，2000年10月から図7-2のようにプライス・キャップ規制が導入されている。図7-2をみると，物価変動率を消費者物価指数（CPI）で表し，加入電話料金が3年ごとに料金水準を更新していることがわかる。

図7-2　NTT東西に対するプライス・キャップ規制の概要

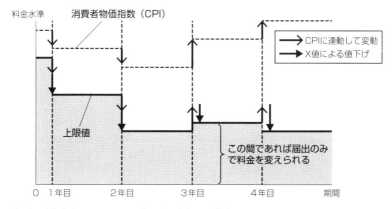

出所：消費者庁ホームページ「公共の窓」より抜粋。

図7-3 バス事業におけるプライス・キャップ規制（類似事例）

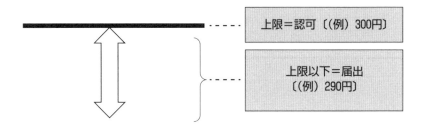

上限＝認可〔（例）300円〕

上限以下＝届出
〔（例）290円〕

出所：消費者庁資料より抜粋。

　一方，交通分野でのプライス・キャップ規制の類似事例として，図7-3の
ようにバス事業における上限価格規制がある。上限価格規制とは，認可され
た上限額の範囲内であれば，事業者が届出だけで運賃を機動的に設定するこ
とが可能である規制である。ただし，通信分野でのプライス・キャップ規制
とは異なり，物価の影響を反映したり，定期的に料金水準を更新したりする
仕組みには至っていない。

第4節 規制緩和の根拠

　1970年代からアメリカやイギリスなど欧米諸国を中心に、交通市場におけ
る規制緩和が実施された。経済的規制を例にとると，規制緩和とは，参入・
退出，価格，投資，財務，会計などの規制の一部あるいは全部を緩和あるい
は撤廃することである。

　規制緩和の目的は，新規企業の参入による競争や新規企業と既存の企業間
あるいは既存の企業間の競争が生じることで，前述した規制の失敗による経
済的厚生の損失を減少させることである。ただし，規制の失敗が認められた
からといって，単純に規制緩和することによる競争政策の導入が適切に機能
するわけではない。規制緩和導入の基準とは，「市場の失敗」と規制の失敗
を比較し，どちらの損害が少なくなるかを相対的に判断することである。

　前述したように，費用逓減産業での破滅的競争を防止するために，交通市場では長らく経済的規制が課せられてきた。しかし，1970年代にボーモル・パンツァー・ウィリッグらが主張したコンテスタブル・マーケット理論は，費用の劣加法性（各サービスを細切れに生産したときの費用よりも，すべてを一括してまとめて生産したときの費用のほうが小さいという性質）があり，独占的な市場であっても，潜在的な参入企業の脅威があれば，厳格な参入・退出規制も運賃規制も必要ではないとした。つまり，コンテスタブル・マーケット理論が機能する市場では，経済的規制が存在しなくても，既存の独占企業は規模の経済によって低費用でサービスを供給し，かつ経営の効率性を確保し，良質なサービスを提供せざるをえなくなることを意味している。

　このようなコンテスタブル・マーケット理論が機能する市場は，以下の4つの条件を満たす必要がある。

1）全企業は同質的な費用関数・需要関数を持つこと。
2）全企業は参入退出が自由，つまり「埋没費用（Sunk Cost）」が存在しないこと。
3）既存企業は時間ラグをもってしか価格を変更できないこと。
4）消費者は価格差異に対して時間ラグなく反応できること。

　さらに，潜在的な参入企業が，利潤を求めて新規企業が市場に即座に参入し，利潤が獲得できなくなれば即座にその市場から退出するような戦略（ヒット・エンド・ラン戦略）を採用するならば，潜在的な参入企業の脅威が増すことも明らかとなった。

　このようなコンテスタブル・マーケット理論の発展が1970年代から始まったアメリカの航空市場での規制緩和を後押ししたとされている。その後，コンテスタブル・マーケット理論への理論的あるいは実証的な批判も行われているが，コンテスタブル・マーケット理論が交通市場での規制緩和に与えた影響は大変大きなものだったといえるだろう。

第8章

交通分野での価格政策のあり方

Learning Points

・運賃設定の理論的な考え方について理解すること
・運賃設定の基本的な仕組みについて理解すること
・価格政策の現状について理解すること

Key Words

総括原価方式、変動運賃制

第1節 交通における価格規制

　これまでみてきたように交通分野は政府の市場介入を受けてきた。その理由としては，破滅的競争を防ぎながら，規模の経済を活かすためであった。その手段として，他企業の参入を防ぐ参入規制を行い，特定の企業に独占的にサービス供給を行わせた。そして，その権利を得た企業が利用者に対し不当な運賃設定を行わぬよう価格規制が設定された。

　その後，規制の問題点も指摘されるようになり，1980年代ごろからさまざまな分野で規制緩和が実施されるようになった。交通分野の価格規制もその対象となり，交通事業の運賃設定についても自由度が増した。しかしながら，完全に企業の自由に運賃が設定できるようになったわけではなく，政府の規制は現在でも残っている。本章では，交通機関の運賃設定に関する基礎と現状について述べる。

第2節 理想的な運賃設定と現実の運賃設定

　事業者はどのような運賃を設定することが望ましいであろうか。その基準をミクロ経済学の観点から考えてみよう。ミクロ経済学において最適な価格とされるのは，限界費用に等しくなるように設定された価格である。この価格は限られた資源を最大限に活用できる価格ともされる。この運賃設定の方式を限界費用価格形成原理と呼ぶ。しかし，交通分野においてこの方式では問題が生じることが指摘されてきた。その原因の1つとされるのが交通分野に必要とされる大きな固定費用である。交通事業を開始するためには，車両や設備等が必要となり，それらの準備には多額の支出が必要となる。そのため，平均費用が需要を超えても低下する特徴を有する[1]。そうした場合に限界費用価格形成原理での運賃設定は赤字を生じる。図8-1は，費用逓減時に

1　このような産業を費用逓減産業と呼ぶ。日本交通学会編（2011）p.69参照。

図8-1 限界費用価格形成原理

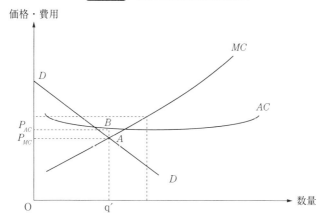

限界費用価格形成を実施した状況を示している。線分DDはこの交通サービスに関する需要曲線，MCは限界費用曲線，ACは平均費用曲線である。限界費用価格形成原理に従った運賃はP_{MC}となり，Aで均衡する。この点において，社会的余剰は最大となる。しかしながら，Aでは限界費用より平均費用の方が上回っている。このときの総収入は$OP_{MC}Aq'$となるが，総費用が$OP_{AC}Bq'$となるため，$P_{AC}P_{MC}AB$の面積分の赤字が発生する。

　こうした赤字を回避しようとする手段の1つが初乗り運賃制度（二部料金制）である。図8-2は初乗り運賃制度のイメージを記したものである。われわれは，タクシー，鉄道，乗合バスを利用する際に初乗り運賃を支払う。そして，乗車後，一定距離においては初乗り運賃の支払いのみで乗車することができるが，ある一定の限度を超えた後は，目的地到着まで運賃が徐々に加算されていく（従量料金と呼ぶ）。この方法であれば，基本料金として，限界費用価格形成から生じる赤字を回収し，従量料金の設定に限界費用価格形成原理を用いることができる利点がある。交通部門以外でも，二部料金制は，電気・ガス・水道といった公益事業分野において採用されている。

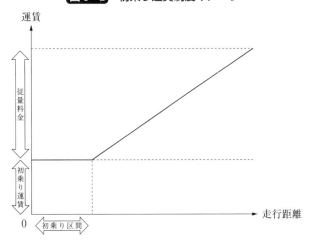

図 8-2 初乗り運賃制度イメージ

第3節 総括原価方式

　一方で，タクシー，バス，鉄道といった交通部門においては各種法律により，運賃に総括原価方式の要素を含むことが定められている。総括原価方式とは，「適正な原価」と「適正な利潤」を合計した「総括原価（フルコスト）」を求め，総収入がこれと等しくなるように運賃を決定する方式のことである。計算方法には，2種類の方法がある。1つは費用積み上げ方式である。これは，適正な利潤として事業者がその年に支出した資本投資のための費用のすべてを認め，適正な原価と合計，総括原価を算出し，そこから運賃を求める方式である。もう1つがレート・ベース方式（公正報酬率規制）である。レート・ベースとは取得原価から減価償却累計額を差し引いたもので，正味資産価値と呼ばれるものである。レート・ベース方式では，適正な利潤をレート・ベースに公正報酬率[2]を乗じることにより求め，適正な原価と合計し，

2　公正報酬率は資本調達のために必要な最低限の報酬であり，自己資本，他人資本，それぞれの報酬率を全産業平均の資本比率などで加重平均した値を用いる（田邉 2017，p.141）。

総括原価を求めそこから運賃を求める。

　この方式が用いられる理由としては，事業者単位の賃率を用いることで，地域独占を認めながらも地域内で運賃に差がないようにすること，そして不採算路線も含めた地域全体の路線網を維持することがある[3]。

　総括原価方式には問題点も指摘されている。第1に，事業者の経営改善意欲を阻害する可能性である。効率的な経営により費用の削減を達成すれば，必要とされる収入も減少するため，後に運賃の引き下げにつながる。そしてそれは，事業者にとって利益を減少させるという意識につながる。こうした考えのもと，たとえば，事業者が経営の効率化を徹底せず費用削減を十分に行わずとも，費用が適切と認められれば，運賃を下げる必要がなくなる。そのため事業者にとっては費用削減をしない方が高い運賃を維持できる，利益を減少させずに済むと考える可能性がある。このように，総括原価方式は，経営改善の努力を減退させる可能性がある。

　また，規制当局と事業者間の情報の非対称性も問題となる。事業者の方が事業の費用にかかわる情報を多く有している。一方，規制当局はそうした情報を十分にもたないため，事業者の申請した費用が適正なものか判断するのが困難となる。その判断をするために，規制当局がさらに事業者に対し情報を開示するよう求めれば，そのための手続や精査するためにさらに多くの費用をかけることとなる。これは，その要求に経営資源を割いて応じなければならない事業者だけではなく，その準備や開示後の確認等のための資源を準備しなければならない規制当局に対しても大きな負担となる。

第4節　輸送モード間の相違

　総括原価方式の要素を含むことが定められているものの，実際の運賃の設定については，輸送モードにより異なる。**表8-1**は国土交通省の資料から，

3　詳細は加藤（2020）を参照。

表8-1 各輸送モードの費用項目

		タクシー	乗合バス	鉄　道
費 項	用 目	人件費，燃料油脂費，車両修繕費，車両償却費，その他の運送費，一般管理費および営業外費用からなる営業費	人件費，車両に関する費用（購入費・修繕費・償却費），燃料油脂費，一般管理費，営業外費用（金融費用等），その他運送費（諸税・保険料等）	線路費，電路費，車両費，列車運転費，役務費，諸税・減価償却費等を含む営業費

出所：国土交通省資料より筆者作成。

タクシー，乗合バス，鉄道の総括原価に含む要素をまとめたものである。適正な利潤については，各輸送モードにより算出の方法が異なる。

　そして，上記の問題に対応するため，各輸送モードにインセンティブ規制も組み込まれている。タクシーにおいては特定地域・準特定地域とそれ以外の地域において適用される制度が異なる。特定地域・準特定地域においては，公定幅運賃制度が用いられる。これは，国土交通大臣が指定した運賃の範囲のなかで，事業者が運賃を選択し届け出る仕組みである。もう1つが自動認可運賃制度である。これは，特定地域・準特定地域以外の地域において適用されるもので，事業者の申請に基づき，個々の事業者ごとに認可する仕組みで，申請された運賃が自動認可運賃内のものであれば自動的に認可されるものである。これらの運賃の幅の上限と下限は，総括原価方式をもとに設定される。

　鉄道においては，運賃を人または物品の運送に対する対価とし，上限認可制において設定している。そして，この上限を総括原価方式により求めている。料金については運送以外の運送事業者の提供する設備の使用または運送以外の役務に対する対価として事前届出制のもとで設定されている。在来線の特急・急行料金，座席指定料金，グリーン料金，バリアフリー料金が含まれるが，新幹線の特急料金のみ上限認可制となっている。乗合バスにおいては，上限運賃認可制がとられている。これは，個別事業者ごとに上限運賃を国土交通大臣または地方運輸局長が総括原価方式をもとに設定されているかどうか等で審査し認可するものである。

第5節　近年の交通を巡る環境変化と価格政策への影響

　公共交通機関を取り巻く状況は大きく変化している。モータリゼーションの進展は，公共交通機関の利用者の減少をもたらした。それにともない，公共交通事業者の経営も困難さを増している。そして，2020年初頭からの新型コロナウイルス感染症（Covid-19）の拡大が状況をさらに深刻にしている。感染拡大防止の観点から，政府からの緊急事態宣言，また外出の自粛要請がなされ，企業ではテレワークの導入，教育現場では遠隔授業の体制が整えられた。これは通勤・通学の機会を減少させることを意味し，交通事業者の利用者および収益の減少につながった。今後もテレワークなどの定着により利用者水準はコロナ禍以前の水準には戻らないとされ，交通事業者はこれまでとは異なる方法で収益を上げる必要性に迫られている。

　こうしたなか，公共交通機関に対する変動運賃制（ダイナミックプライシング）の導入の検討が本格化している。変動運賃制とは，需要や時間帯において運賃を変化させるものである。図8-3は変動運賃制のイメージを示したものである。たとえば，利用者の多い時間帯に高い運賃を設定し，収益を上

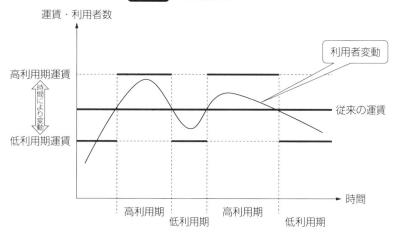

図 8 - 3　変動運賃制イメージ

げるのと同時に利用者を減少させ混雑の緩和を目指し，逆に利用者の少ない時間帯には低運賃を設定し，利用者の増加を図る。変動運賃制については，交通分野では航空産業において用いられてきた。ロンドンやワシントンの地下鉄での導入事例がある一方で，日本の鉄道において用いられてこなかった。その理由として，まず，技術的な課題があった。しかしながら，交通系ICカードの普及等により，この問題については大きなものではないとされる。

　もう１つの理由が，価格規制にかかわる問題である。鉄道事業は，これまで，地域独占性があり，多くの国民の生活にかかわるとのことから，現在でも運賃をはじめとした規制を受けてきている。中長距離区間の移動について，航空分野の規制緩和により柔軟な運賃設定が行われるようになったこと，LCCの参入，高速バスの存在もあり，鉄道も含めた競争は規制緩和を通じてより強まったといえる。

　一方で，変動運賃制の導入議論が進められている大都市部の通勤を含む都市圏間の短距離輸送においては，自動車の所有率の高まりやカーシェアリング，キックボードやレンタサイクルの普及など，鉄道以外にも移動手段が多様化している。しかしながら，コロナ禍におけるテレワークへのシフトもみられるものの，現在も日常生活の移動手段として鉄道に頼らざるをえない者も少なくない状況がある。そのため，鉄道運賃・料金制度のあり方に関する小委員会が出した2022年７月の中間とりまとめでは，鉄道の独占性に大きな変化はないと評価している（国土交通省 2022）。こうした状況ではあるが，JR東日本は2022年９月16日付にて，国土交通省に対し，現行制度のもとで変動運賃制の導入について申請を行い，議論が進められている。

　また，新たなサービスとして，MaaS（Mobility as a Service）が登場した。これは，異なる交通モードを１つのサービスとして統合したものである。具体例として，情報端末に目的地を入力すれば，さまざまな公共交通機関やその他の移動サービスを組み合わせた移動ルートが提示され，選択したものに対し予約と決済を一括で行うものがある。先駆けて取り組んでいるヘルシンキでは，交通手段の定額プランも用意されており，このプランのもとでは移

動手段が使い放題となる。

　日本においてもこうした方向性を目指す際には，規制との関係に注意を払う必要が出てくる。現在，公共交通の運賃は規制を受けている。さまざまな交通機関を統合したサービスを実施しようとすれば，規制により新たなサービス展開が阻害され，社会的厚生が損なわれる可能性がある。そうならないために，これからの情勢を見据えた制度変更等を今後検討する必要があろう。

規制緩和の事例

Learning Points

・バス・タクシー・航空における規制緩和の内容を理解する。規制緩和の課題を
理解する。

Key Words

規制緩和，需給調整（参入・退出）規制，価格規制，安全規制，社会的規制，
経済的規制

第8章で規制緩和の理論と必要性について説明した。では，交通部門で実際どのように規制緩和が行われたのであろうか。本章では，公共交通を中心とした交通手段（モード）別の規制緩和政策について簡単にまとめておく。

第1節　バス分野での規制緩和[1]

バス事業には乗合バス（顧客から運賃を収受し，定められたルート・時刻で不特定多数の乗合行為を行うもの）と貸切バス（事前の顧客からの手配に基づき，当該顧客のために輸送を行うもの）があり，その規制は道路運送法という同じ法律で規定されている。以下では，乗合バスと貸切バスにわけて，①事業への参入・退出規制と，②運賃に関する規制（価格規制），について整理する。

（1）乗合バスの規制緩和

乗合バスは伝統的に規制に守られた産業で，需給調整という名目で，事業・路線への参入退出に関して免許制がとられており，またその維持のために価格規制も行われていた。これらは，地域内のネットワーク確保に一定の効果を果たしていた。

初期における規制緩和の事例は，1970（昭和45）年ごろからの利用者減少にともなって，たとえば乗車率の低い路線のカバーなどのために制度の柔軟な適用が求められるようになったことで行われたものであった。1970年，道路運送法（旧法）101条の例外規定として，自家用バス（白ナンバー）による有償輸送の許可がなされたのが最初である。その後，貸切バス事業を行う事業者が乗合事業を行う（乗合の免許をとらずに）ことへの例外規定（一般には貸切事業の乗合許可と呼ばれる）が1989（平成元）年，道路運送法24条の2により定められた。また，コスト抑制のために昨今でも広く用いられて

1　本節の議論は，寺田（2002）に多くを負っている。

いる管理受委託制度[2]ができたのもこの時期である（1991年）。

1996年，旧運輸省が交通事業全般の需給調整規制撤廃の方向性を提示したことと，1998年に規制緩和推進計画が決定したことを受けて，乗合バスでは2002（平成14）年に需給調整規制と価格規制の緩和が行われた（公布は2000（平成12）年）。これによって，参入は自由に，退出は6ヵ月前までに届け出ればよくなり（地元との協議は制度運用上必要とされている），価格は上限のみを届け出る許可制となった。

その後，後述する高速ツアーバスや団体ツアーバスにおいて，重大な事故を契機とする問題点の解決が求められたため，2010～2014年に道路運送法の一部が改正され，貸切バスによる乗合行為がきわめて限定的なものにされるとともに，高速ツアーバス形態のものはこれまでの貸切免許による運行を認めず従前の高速バス（道路運送法4条）と同一の規制下に置くこと（新高速バス制度），高速バスにおける（旧）ツアーバスと同等の柔軟な制度運用（価格設定，車両調達など），貸切バスの適正価格収受の強化，などの見直しが行われた[3]。

以下では，乗合バス規制緩和の影響について，路線バス・高速バスそれぞれの参入退出（需給調整）事例と，価格規制緩和の事例について整理する。

①　都市部の路線バス

公営事業者の事業者数を確認すると，緩和前の2000年度は45だったのが，2020年度には23へ減少している[4]。ただし，この減少は規制緩和が原因ではなく，行財政改革と経営効率化のため民間移譲されたことが原因である。

民営事業者においては，新規路線開拓による新規参入（横浜市の大新東，京都市のヤサカバス・京都急行バス，神戸市のみなと観光バスなど），既存路線の代替による参入，コミュニティバス受託による参入（東京における富

2　制度の詳細は大井・酒井（2010）を参照されたい。
3　詳しくは日本バス協会（2012）pp.24-25を参照。
4　国土交通省自動車交通局（2016）より。

士急行グループ，日立自動車交通など）がみられる。ただ，いずれも数路線程度の参入にとどまっており，ニッチ参入に等しい。京都市におけるエムケイのような大規模参入の試み（動き）がみられたものの，結果的にそのような参入はできていない[5]。

②　地方部の路線バス

　コミュニティバスや既存事業者廃止後の代替輸送等で，タクシー・貸切バス事業者が乗合免許を取得して参入していることが大きく影響して，統計上は事業者数が増えている（統計では「みなし事業者」と区別する場合もある）。これはあくまで担い手がなくなったために参入しているものであるから，規制緩和の想定している競争的参入の目的とは異なっている。

　ただ，競争的参入の事例がまったくなかったわけではない。たとえば，鹿児島・岡山・京都・金沢においては，他事業者の運行区域に参入した事例がみられたほか，路線廃止協議の過程で一時的に競合関係が生じた奄美大島の事例がある。これらは競合を調整した事例（岡山，鹿児島県奄美地域）もあれば，対抗策を講じた事例（金沢，岡山），依然として競合している事例（鹿児島，京都），などがある。

　乗客の減少はCOVID-19の影響を受ける直前までは下げ止まりになりつつあったが，経営状況が改善したわけではなく，厳しい状態には変わりない（図9-1）。

　地方で規制緩和の影響として問題視されたのは，退出規制緩和の影響である。よくいわれるのが，「規制緩和により路線の休止・廃止が増加した」という主張である。路線の休止・廃止の数字を図9-2に示した。

　この数字に計上される「廃止」「休止」された路線について代替措置がとられた場合，これまで運行してきた事業者は「廃止」「休止」を申請するた

5　ただし京都のエムケイはその後京都市交通局の路線の一部を管理受託して路線バス事業へ参入している。第一交通産業は福岡からの深夜バスに参入し数年で撤退したが，後に沖縄で経営破たん事業者の救済として参入している。

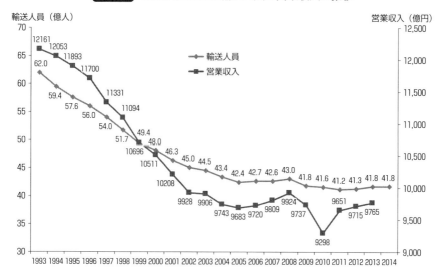

図9-1 乗合バス事業の輸送人員と営業収入の推移

注：1　2009・2011年度のデータは出所に数値が欠落しているため，前年の数字で代用した。
注：2　営業収入の2014年の数字は公開されていなかったため除いた。
出所：国土交通省自動車局（2007-2016）より筆者作成。

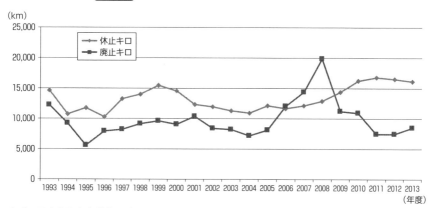

図9-2 乗合バス事業の休止・廃止キロ数の推移

出所：国土交通省自動車局（2007-2016）より筆者作成。

めこの数字に含まれるが，後に引き受けた事業者はその路線を新規に許可取得して運行するため，運行継続にもかかわらず統計上その点は考慮されていないことに注意が必要である。そのうえで統計を確認すると，休止・廃止は規制緩和前の方が多く，2000（平成12）年度以降は減少傾向にある。背景として，規制緩和後の経営基盤強化を図るべく高速バスブーム時などに参入した路線の整理や，地方路線の子会社・地元移管などを行っている可能性が考えられる。したがって，「規制緩和後廃止が増加した」とは必ずしもいえない。

③　高速バス

　規制緩和前は，夜行高速バスにおいて，相手側の共同運行会社の選定において関東・京阪神圏での競合関係があり，ダブルトラック・トリプルトラックになっているケースがあった（東京―大阪線などでは今でもこの状態であり，JR系と民営事業者の複数のグループでマルチトラックになっている）。

　規制緩和後は，いくつかの路線で競争がみられた。事例としては，既存事業者が運行している区間へのJRバス参入（関西―四国，仙台―東京など），空港リムジンバス（長崎，岡山，熊本（八代），高知），新規参入による競争（仙台―山形・福島，高松―神戸・大阪），後述する高速ツアーバスとの競争があった。その後，撤退事業者が出た事例（仙台―山形・福島，熊本（八代）の空港リムジン）や，競合状態が続いている事例（高松―神戸・大阪，ツアーバスとの競合路線）もあるが，協調体制に移行しているものも少なくない。

　高速バスについては，規制緩和の前後を問わず参入退出が繰り返されてきた。そのため，（上述した競合事例における撤退を除けば）退出事例が規制緩和の影響であるかの把握は明確とはいえない。むしろ，他の交通機関との競合や，高速バスを含めた乗合バス事業の収支悪化によって，（主に大都市側の）共同運行事業者の撤退，子会社への運行委託・移管，路線の廃止に至った事例は少なからずみられている。

④　価格規制の緩和

　規制緩和により運賃は上限価格制になり，上限価格の設定は認可を要するものの，上限を下回る価格設定は届出制となり，価格設定の柔軟性は増した。

　規制緩和前の1998（平成元）年，岡山県の宇野自動車において営業目的での割引が許可されており，その後各地で100円運賃などの営業戦略的な価格設定が普及した。ほかに，高速バスの値下げ（福岡県内の西日本鉄道の路線），他モードと競争の激しい区間での値下げ（鹿児島市中心部における「ドルフィン150」（のちに160円へ）やいわさきグループの単独値下げ，熊本—福岡線高速バスなど），遠距離区間での上限打ち止めの価格設定（愛媛県の伊予鉄道，大分県の大分交通など），といった戦略的価格設定の事例が相当数みられるようになった。一方で，値下げではなく，不採算区間の運賃を割り増しする事例（福岡市内の西日本鉄道・北九州市交通局の特定路線）もみられている。

　市場性の高いといわれる高速バスにおいては，後述の高速ツアーバスとの対抗から，座席グレードに応じて追加料金を課す（あるいは割り引く）事例や，ツアーバスを意識して旅行商品のように繁閑に応じて価格が変わる設定を行う事例（カレンダー制運賃）がみられるようになった。

　乗合バス事業者の運賃設定は，消費税率変更にともなうものを除けば，1998年ごろを最後に基準賃率（運賃決定における１キロ当たり価格）の改定がほとんど行われていなかった。規制緩和後も規制緩和を根拠とする変更事例はほぼ皆無といってよく，上記の事例も基準賃率の変更をともなわない（つまり届出制の範囲の）変更にとどまっていた。その後，2006（平成8）年ごろから近年に至るまでいくつかの事業者で値上げが認可されているが，これは消費税率引き上げに加え，急速に進む原油高の影響，COVID-19による収支悪化の影響といった外的要因により自助努力の限界となったことから行ったものであり，規制緩和による影響とは必ずしもいえない。

（2）貸切バスの規制緩和

　貸切バスにも規制が存在する。乗合バスと異なるのは，参入・退出規制に相当するものが，事業区域の規制という形になっていることである。これは，貸切バス事業者が営業所を置く（出発または帰着する車庫のある）地域（一般には都道府県単位）で出発または帰着の一方を行わないといけないということである。

　貸切バスは，乗合バスで行っている乗合行為や車内で乗客から運賃収受することが禁じられている。しかし，地方部で乗合バス路線の維持が困難になってきた時代背景から，貸切バス事業を行う事業者が乗合事業を行うこと（一般に貸切事業の乗合許可と呼ばれる）が1989（平成元）年，道路運送法24条の2で例外的に定められた。

　貸切バスは乗合バスに比べて市場性が高いと想定されたため，先行して2000年までに規制が緩和された。まず1997年に最低台数制限の縮減が行われ，1998年には事業区域の統合（市町村→都道府県）が行われた。そして，2000年に参入・退出に関する届出の簡素化が行われた。

　参入状況は，規制緩和前の1997年ごろから年200社以上のペースで参入が進んでいたが，規制緩和後はペースがやや大きくなっている。参入事業者の多くは，車両数10台以下・資本金3,000万円以下の小規模事業者であり，タクシー会社やトラック事業者等の参入が目立っている（図9-3）。

　輸送人員については，緩和前後の比較では若干伸びているが，参入が多くなり実働率・実車率が低下したことなどもあり，伸び率はさほど大きくない。参入の増加によって，価格競争はかなり進んでいる。たとえば，2000年と2005年の比較でみると，車両数が23％増となっているにもかかわらず，営業収入は24％減少している。こういった経営環境が，話題になったツアーバスへの参入や格安ツアーにみられる単価の低下を招いたと考えられる。

図9−3 貸切バス事業の企業数の推移（車両規模別）

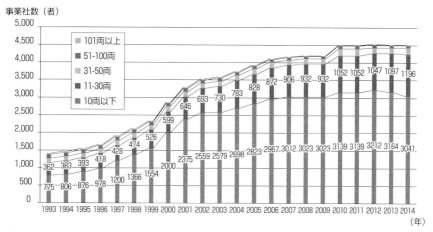

注：2009・2011年度のデータは出所に数値が欠落しているため，前年の数字で代用した。
出所：国土交通省自動車局（2007-2016）より筆者作成。

図9−4 貸切バス事業の事業者数と車両台数の推移

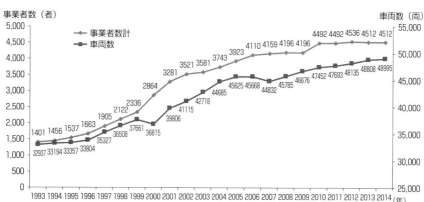

注：2009・2011年度のデータは出所に数値が欠落しているため，前年の数字で代用した。
出所：国土交通省自動車局（2007-2016）より筆者作成。

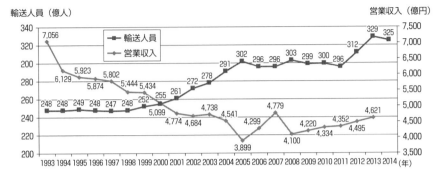

図9-5 貸切バス事業の輸送人員と営業収入の推移

輸送人員（億人）　　　　　　　　　　　　　　　　　　　　　　　営業収入（億円）

注：1　2009・2011年度のデータは出所に数値が欠落しているため，前年の数字で代用した。
注：2　営業収入の2014年の数字は公開されていなかったため除いた。
出所：国土交通省自動車局（2007-2016）より筆者作成。

（3）「高速ツアーバス」問題

　乗合・貸切バス規制緩和の影響として，高速ツアーバスと呼ばれる形態との競争が問題になった。ツアーバスとは，貸切バスを利用した旅行商品の形態をとり，実態として乗合の高速バスと同様のサービスを提供しているものである。ツアーバスの形態をとる輸送行為については，1980年代に北海道で帰省バスと称して行った現在のツアーバス的なものが許可された経緯がある。また，地方部の乗合許可が認められた事例を除き，貸切事業者が乗合行為を行うことは規制緩和の前後を問わず道路運送法で禁じられている。こういったことを踏まえると，規制緩和を原因として生まれたものではないということは注意すべきである。

　とはいえ，ツアーバス形態が急速に普及したのは規制緩和の後である。普及の背景には，貸切バスの規制緩和がある。貸切バスは規制緩和によって事業者数が急増する一方，市場需要がさほど拡大しなかったこともあり，顧客獲得競争を強いられることになった。貸切バスは繁閑の差に影響されやすいため，運転士と車両を市場需要に対応させられなければ顧客獲得競争に負け

るが，一方でこれは閑散期に遊休状態となる労働者・車両を抱えることになってしまう。乗合事業を兼務している場合は人員・車両の調整は容易であるが（乗合の繁忙期に貸切の車両と人員を応援で活用可能），貸切専業の場合はそれができない。そこで，貸切の閑散期に当たる時期の資産と人員の有効活用という意味で，ツアーバスの運行（受託）は有効であった。

　ツアーバスはあくまで旅行商品の形態をとるため，旅行業法の規定に基づき商品造成と販売が行われた。したがって，料金は事前収受（運転士による収受は禁止）であり，利用客がいなければ（催行決定していなければ）運行の必要はない。また，停留所は設置できないものの走行路線の設定に関する規制は存在しない。さらに，価格規制が旅行商品には存在しないため，旅行商品で行われる繁忙期と閑散期のトータルで収支バランスをとるような価格設定が可能であり，従来の高速バスのように原価ベースで運賃設定する必要性はなかった。

　ツアーバスの行っている行為は，道路運送法4条に基づく高速路線バスと

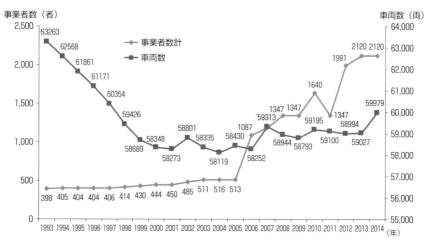

図9-6　乗合バス事業の事業者数と車両数の推移

注：2009・2011年度のデータは出所に数値が欠落しているため，前年の数字で代用した。
出所：国土交通省自動車局（2007–2016）より筆者作成。

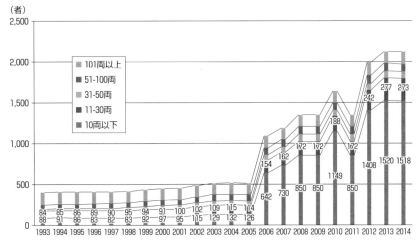

図9-7 乗合バス事業の事業者数の推移（車両規模別）

注：2009・2011年度のデータは出所に数値が欠落しているため，前年の数字で代用した。
出所：国土交通省自動車局（2007–2016）より筆者作成。

実態は同じであるが，価格設定，路線に関する停留所・ルート設定，車両調
達などについては，高速路線バス（道路運送法4条管轄）には制約条件が多
く，その不公平な部分が問題になった。おりしも，ツアーバスによる重大な
事故が相次いで起きたことで，ツアーバス形態の問題点が数多く出てきた。
具体的には，旅行会社と貸切バス事業者の責任関係，委託した貸切バス事業
者の問題（運行管理，車両管理，監視体制など），貸切バスの原価（料金）
遵守の問題（旅行会社と貸切バス事業者の価格支配力の関係），などであっ
た。こういった問題を解消するため，関係制度の改正が行われ，高速ツアー
バス形態で運行していたものは4条による乗合許可取得（既存の高速バスと
同じ）を義務づけることにし，柔軟性の面で不公平感のあった制度の一部は
ツアーバスの柔軟性を取り入れる制度へ変更することになった（運行委託の
制度など）。

　これにより，ツアーバス運行事業者のなかには，4条の乗合許可へ移行で
きない事業者が多数みられ，これらの事業者はツアーバスから撤退した。ま

た，移行した事業者でも，規制遵守のため運行路線や本数の削減を余儀なくされた例もみられた。その一方で，年間定額制の価格設定による高速バスが認められた事例があり，既存高速バスとの価格設定の不公平感から議論になった。後に当該事業者の経営破たんとその後の再建過程において，原価との関係から路線継続および運賃設定の許可がおりなかったこともあり，定額制の料金設定は実態としては廃止されている（長崎県のYOKARO）。

第2節 タクシー分野での規制緩和

　タクシーの規制緩和は比較的遅く，1993（平成5）年ごろから段階的に進められてきた。1993年に「同一ブロック（地域）・同一運賃」体系を一部見直ししたことと，需給調整（規制）の弾力化が行われた。1994（平成6）年には事業区域の拡大が図られ，少しずつ需給調整規制撤廃の流れが作られている。1997（平成9）年には最低車両台数規制の緩和が，1998（平成10）年には事業区域規制の見直しによる区域の統合が行われている。本格的な規制緩和は，2000（平成12）年に行われた道路運送法の改正であり，需給調整規制の廃止と，運賃規制見直しが行われた。

（1）参入規制緩和の影響

　規制緩和導入後，事業者数・車両数が大きく増加した。個人と法人をあわせた事業者数は，規制緩和前の2000年に53,700社だったものが，規制緩和後の2005年には56,374社と3,000社以上増加している。そのほとんどが法人の参入で，資本金1,000万円以下の小規模事業者が多い。新規参入により車両数も増加しており，規制緩和前の2000年には256,343台だったものが，規制緩和後の2005年には273,181台と約2割増になっている。

　しかし，供給が伸びる一方で肝心の需要は低迷している。輸送人員をみると規制緩和前後で減少傾向にあり，規制緩和前の2000年には約24億人だったものが，規制緩和後の2005年には約22億人，2014年には約15億人に減少して

いる。また，実車率は全国的に横ばいか低下しており，後に述べるように価格競争も激しくなり運賃収入が減少している。

　こういった状況により，規制緩和後は供給過剰の状態が全国的に多くみられるようになった。特に，都市部の大阪・仙台や沖縄（那覇）などで供給過剰が問題視されるようになり，全国の中核市・県庁所在地以上の規模の都市にも影響が広がってきた。そのため，2009（平成21）年10月「特定地域における一般乗用旅客自動車運送事業の適正化及び活性化に関する特別措置法」を制定し，那覇・仙台など問題が深刻だった地区を皮切りに，供給過剰の地区を国が「緊急調整地域」に指定し，増車制限を行うようになった。近年では追加の指定はないが，緊急調整の状態は現在も続いており，推定される地域や指定外になる地域も出ている現状である。既存事業者の減車がほとんど進まない一方で，後発で参入した事業者が増車できないなどの問題も生じている。

（2）価格規制緩和の影響

　規制緩和前から価格の多様化は段階的に進んでいたが，2002（平成14）年の法改正で，運賃の認可制自体は存続しつつ，かなり柔軟な価格設定を容認する方向へ転換した。京都・大阪・福岡など新規事業者が参入した地域では，同一地域であれば均一であった初乗り運賃が複数存在する。ほかにも，初乗りの距離を短縮して価格を下げた例や，夜間等の割引事例，大口（定期利用）顧客への割引事例がある。こういった価格の多様化，とりわけ協定価格よりも低い価格で参入した事業者のある地域では，競争が激しくなったところもある。

　もっとも，需要の減少が大きく影響しており，営業収入は減少の傾向にある。規制緩和前の2000年に約2.2兆円だったものが，規制緩和後の2005年には約2兆円，コロナ前の2019（令和元）年には約1.4兆円になっている。そのため，規制緩和のみが収入の減少の要因とは必ずしもいえないところもある。

（3）タクシー規制緩和の論点

　タクシーの規制緩和は，新規参入と価格面での変化をもたらしたことは上

記したとおりである。新規事業者の参入と価格の多様化は，利用可能の事業者の選択が可能な状況では（たとえば電話手配など），利用者便益を増加させるとともに，事業者も市場で選択され生き残るためサービス改善を求められることになる。ただ，実際には鉄道駅などのタクシー乗り場は利用許可制が導入されるなど利用可能事業者に制限があり，競争環境が（後発事業者には）公平とはいえないうえ，これらの乗り場では利用可能事業者の選択ができない（着順に乗るしかない）ため，効果が限定的になっている面は課題である。さらに，特措法の関係で増車制限がかかっている地域では，新規事業者も増車制限の影響を受けており，混雑時には需要に対応できない事例もみられる。

　また，価格ではない付加価値（サービス）を提供する取組みが増加したことも重要なポイントである。たとえば，空港アクセスや深夜帯の乗合タクシー，福祉輸送サービス（介護タクシーなど），子育てタクシー，生活支援サービスの実施，貨物輸送（買い物の荷物運搬）などがある。これらは直接的には規制緩和によるものではないが，規制緩和後の経営環境のなかから生まれてきたものも少なくない。

　一方で，タクシー規制緩和は，それによる負の影響が指摘されることが多い。とりわけ，乗務員の労働条件の悪化（平均年収，労働条件など）と安全性確保の問題は，大きく取り上げられることになった。タクシー乗務員の給与体系は，その勤務特性から，歩合制といわれる売上に応じた給与制が採られている。市場確保・拡大には利用可能性の拡大が必要なため，事業者は台数を増加させるインセンティブをもつが，市場が拡大しなければ固定費負担リスクを負うことになる。歩合制の場合，車が稼働し売上が上がるかぎり，人件費（給与）は稼働（営業収入）に応じた配分になるため事業者はこの固定費負担リスクを軽減できる。しかし，先述のとおり市場需要が増えないのであれば，1台当たり収入は減少し，ドライバーの給料は低水準になる。実際，2021年における全産業平均との比較では，タクシー運転手の労働時間は約100時間長い一方，平均年収は約240万円も低くなっており，収入を上げる

ためには長時間労働をせざるを得ない環境にある。それゆえ，従業者の平均年齢は61歳と全産業平均よりも高く，従業員確保がままならず労働条件が悪化するというスパイラルに陥っている。

　また，地方部では自家用車利用が進んで地域公共交通（路線バスなど）の経営環境が悪化しており，コミュニティバスや乗合タクシー・デマンドタクシーといったより小規模な輸送モードに転換し，地域のタクシー会社へ委託する事例も少なくない。ただし，これらの交通サービスは利用者負担が低料金に抑えられているため，提供されているサービス水準によっては一般タクシー利用者の減少をもたらすケースもみられている。近年では病院等の送迎サービスや，介護保険制度との関係でデイサービス等の輸送サービスを利用する人も増えており，公共交通利用者がこういったサービスに転換している。こういった地域交通を取り巻く環境は，タクシー事業者の経営に悪影響をもたらしており，地域から撤退，さらには経営破たんする事例も少なからずみられるようになった。島根県津和野町では，町内唯一のタクシー会社が撤退し，代替措置として町の第三セクターが車両と施設を保有して運行のみ委託する「上下分離」を導入している。また，現在は都市部でのみ許されている個人タクシーを地方で営業できるようにする動きもみられるようになった。

　タクシーは，雇用の最後の吸収先と言われる側面と，地域公共交通の最後の砦といわれる側面を併せもつ産業である。これまではタクシー事業者が地域からなくなるということは想定されていなかったが，近年の経営環境の悪化でその想定外の事態が起きており，経営を維持できたとしても担い手不足で十分なサービスを供給できない可能性は今後高まると想定される。近年では若年層の雇用確保などに事業者も積極的に取り組むようになっているが，根本的な解決には至っていない。都市部では適正な価格設定と台数調整が，地方部では事業者維持のための担い手確保・収入確保の環境整備が求められているといえる。

第3節　航空分野での規制緩和

　航空分野において規制緩和の先陣を切ったのはアメリカであった。アメリカ国内の規制緩和直後，アメリカの航空会社はさまざまな施策を生み出し，アメリカ国内市場における優位性を得ようとした。主なものは，コンピュータ予約システム（CRS），ハブアンドスポークネットワーク，そしてフリークエントフライヤープログラム（FFP）[6]である。これらの施策は顧客に対する囲い込み効果を発揮し，航空産業の寡占化を進めたとする指摘もある。

　日本においても航空分野の規制緩和が検討された。日本では，競争を制限する45・47体制のもと，JAL（日本航空），ANA（全日本空輸），TDA（東亜国内航空，のちのJAS（日本エアシステム））の業務分野が割り当てられていた。運賃については，認可制が採用されており，航空会社は監督官庁の許可なしでは運賃を設定できなかった。

　経済発展にともなう利用者の拡大などに対応するため，日本では，アメリカの規制緩和の成果を踏まえ，段階的に規制緩和を実施する方法がとられた。運賃については，1990年から段階的に規制の緩和が行われ，2000年の改正航空法の施行から，事前届出制となり，航空会社が原則，経営判断により，運賃・料金を変えられるようになった。参入規制については，1997年に完全に廃止された。

　そして1998年に北海道国際航空（のちのAIRDO），スカイマークが新規参入を果たした。しかしながら，大手との競争などにより，北海道国際航空は2002年に経営破綻に追い込まれた（その後，ANAの協力を得て，経営再建を行った）。上記の2社に続いて，スカイネットアジア（のちのソラシドエア），スターフライヤーなどいくつかの新規航空会社が設立されたが，経営が安定せず，そのほとんどがコードシェアなど大手との提携関係を構築している。

6　マイレージプログラムとも呼ばれ，利用者は搭乗時や関係サービスの利用ごとにマイレージと呼ばれるポイントを獲得し，一定数貯めることで，無料搭乗券や航空会社の限定商品などと交換することができる仕組みのことである。

このように現在，規制緩和後に誕生した航空会社のほとんどを大手が支援する構造となっている。

規制緩和後の1つの大きな変化としてLCC（低費用航空会社）の成長がある。世界的に規制緩和が進展するなか，多くのLCCが誕生し，世界各地域に路線を拡大した。日本国内においては，2012年ピーチ・アビエーション，エアアジア・ジャパン（2013年にバニラ・エアとなり，2019年にピーチに統合された），ジェットスター・ジャパンが就航したのを皮切りに，春秋航空日本も設立された。日本のLCCの特徴として，JALとANAがその運航に大きくかかわっている。現在は，ピーチ・アビエーションはANAの子会社，春秋航空日本も2023年にスプリング・ジャパンとなりJALの子会社となっている。またJALはLCCを新たな収益源と位置づけ，中距離LCCであるZIPAIR　Tokyoを設立し，2020年に運航を開始している。

このように規制緩和以後に航空会社が実行した施策については，現在において定着し，活用されている。

（1）路線維持に関する問題

規制緩和は航空会社の自由な路線展開を可能にした。一方で，これは規制により安定的に得られていた路線の収益が競争の激化により減少することにつながる。そのため，利用者数の多い路線で得た収益を利用者数の少ない不採算路線に充て運航を継続する内部補助が難しくなってきた。そして，国際的な競争力の維持等の理由により，航空会社は不採算路線を廃止するようになった。そして，定期便の就航しない空港が増加する可能性が高くなった。

また，2020年初旬からの新型コロナウイルス感染症拡大により，JAL，ANAも大きな損失を出し，旅客輸送事業以外の事業に注力を始めている。また，規制緩和後に登場したAIRDOとソラシドエアは共同持ち株会社を設立し統合することになるなど，コロナ禍により，航空産業を取り巻く状況は厳しさを増している。

　地域航空会社[7]の担う路線の維持についてもコロナ禍以前から，さまざまな議論がなされていた。2017年には，持続可能な地域航空のあり方に関する研究会では，地域航空会社の一社化（合併）あるいは，持株会社の設立による経営統合の形態を今後模索していくべきという結論が出されている（国土交通省 2018）。そして，2022年10月から，地域航空会社とJAL，ANAの系列を超えたコードシェアが実施されるようになった。このように規制緩和により競争の促進が図られた一方で，航空路線ネットワークの維持のため，競争関係を超え，多くの航空会社が協力する体制の構築も始まりつつある。

　不採算路線に対しては，航空会社の協力体制の構築以外にも，離島地域経済の発展や住民の生活向上のために住民への運賃補助や運航費への補助金などにより維持が図られている。このように維持が図られているが，利用者の減少が続けば，航空路線の維持の可否に対し議論が高まるであろう。今後は，航空路線の価値や地域での役割を議論し，理解したうえで，航空会社や自治体だけではなく，地域全体で航空路線利用の推進を図っていく必要がある。

（2）国際的な規制緩和の流れと今後

　外国の航空会社の日本の空港に関する運航についても現在まで規制されてきた。このいくつかを外国の航空会社が日本の空港を利用するケースをもとに図9-8を用いて説明する。第1に以遠権である。これは，外国①の航空会社が日本の空港まで，自国の旅客と貨物を運び，次に日本の空港において日本から出発する旅客と貨物を積み込み第三国に輸送する権利のことである。これは，当初日本の航空会社と第三国の航空会社が運航していた路線に外国①の航空会社の運航を認めることになるため，競争の激化につながるとされる。次にゲージ権である。これは，外国①の航空会社が日本と第三国の路線を運航する権利のことである。これを認めた場合には，以遠権と同様に競争

7　持続可能な地域航空のあり方に関する研究会は，地域航空会社を「主に客席数30〜70席程度の小型機（ターボプロップ機）により，離島その他の地方航空路線の運航に従事する会社」とした。

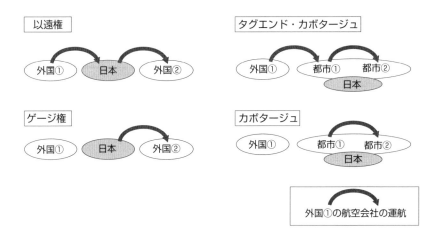

図 9-8 外国の航空会社が制限を受ける路線

相手の増加を意味するため，競争の激化につながる。そして，外国①の航空会社が自国から日本の空港に旅客と貨物を運び，その空港の旅客と貨物を日本国内の別の空港に運送するタグエンド・カボタージュ，外国①の航空会社が日本の国内線を運航するカボタージュがある。

　こうした規制を緩和し，航空会社が自社の判断で各国に路線を設置できる自由を拡大しようとする動きがアメリカの進めるオープンスカイ政策である。オープンスカイ政策においては，以遠権については認められるようになってきた。しかしながら，その他の権利については，いまだ日本を含めた多くの国において規制されているものである。このほかにも，オープンスカイ政策が進められるなかでも，空港の混雑により航空会社が利用したい空港を利用できない施設的な規制が残るケースもある。

　国際的な規制緩和の流れ，そして残された規制に適応するため，各国の航空会社はさまざまな戦略を実施している。代表的なのはアライアンスである。これは，同アライアンス内の航空会社同士が協力し，空港施設の共同利用，共同のフリークエントフライヤープログラム，共同運航便の設定等を行うものである。現在，大規模なアライアンスには，JALの加盟するワンワールド，

ANAの加盟するスターアライアンス，そしてスカイチームがある。これは，各国に残るカボタージュなどの規制を受けながらも，アライアンスによりネットワークを拡張することを可能にする等，旅客の利便性を向上させるとされている。しかしながら，アライアンス内においても，スケジュール調整，運賃調整の行為は認められていないため，これらの実行が可能なジョイントベンチャー（Joint Venture）を組む動きがある。

　アライアンスやジョイントベンチャーは企業同士の協調により利用者の利便性を向上する効果が期待される一方で，航空会社間の競争を弱めるとの指摘もある。そのため，実施には，協調が競争以上に大きな利益をもたらすことを示すなどし，当該国の規制当局から独占禁止法の適用除外を受ける必要がある。アライアンスは，オープンスカイ政策の拡大とともに適用除外を受け，世界的に拡大した。一方で，ジョイントベンチャーに対する適用除外については認められないケースもある。たとえば，JALは現在，ブリティッシュエアウェイズやアメリカン航空などとジョイントベンチャーを実施している。一方で，カンタス航空とのジョイントベンチャーについては豪州競争・消費者委員会が認可しなかった。こうしたケースに備えるためにも，航空会社はより多様な戦略を構築する必要がある。

（3）空港の民営化

　規制緩和の動きとともに空港の民間委託（民営化）の動きも進んでいる。わが国では，滑走路等の基本施設の経営，空港ビル等の施設の経営が異なる主体によって行われてきた。そのため，これらを統一化し，より効率的な空港経営を実現しようとしている。

　空港の民営化に対し行われている手法がコンセッションである。これは国が空港の基本施設の所有権を保持したまま，その運営権を一定期間民間企業に与える方式である。IATAでは，コンセッションの効果として，国家的な安全保障の維持が可能となること，長期契約により，設備投資の効率的な計画ライフサイクルコストの削減等のインセンティブが働くこととしている。

一方，課題として，公益に関心の低い事業者の参入や利用料金の増加が挙げられているが，わが国の事業者の選定では，資格審査および提案審査を実施し，公益に関心の低い企業の参入がないよう対応している[8]。

　わが国の最初の事例は，関西国際空港と伊丹空港のケースで，その後，国管理空港では，仙台空港，高松空港，福岡空港などで実施されている。また，混合型コンセッションと呼ばれる公共側も一部費用を負担し民間事業者が利用収入によって運営を図る方法もある。これにより民営化された事例として南紀白浜空港がある。このようにさまざまな方法が登場するのは，空港ごとに利用者数などの違いが生じるためである。空港の民営化については，一律で実施されているわけではなく，その空港の置かれている状況にあわせ実施されている。

8　詳細は加藤他（2021）pp.125-126を参照してください。

[参考資料]　表9-1　規制緩和内容の整理（輸送手段別）

	乗合バス	貸切バス	タクシー	航空
内容	①自家用有償輸送・貸切の乗合輸送許可，管理受委託 ②参入退出規制緩和，運賃規制緩和 ③地方部における手続きの簡素化	①貸切事業者の乗合輸送許可（地方部） ②最低保有車両台数・事業エリアの見直し ③参入退出規制の緩和	①運賃の見直し，区域の拡大，最低台数規制の緩和 ②需給調整規制廃止，運賃見直し ③緊急調整区域指定と減車措置，参入・増車・価格低廉化の抑制	①ダブル・トリプルトラック基準，事業ごとのすみ分けを見直し ②運賃割引に関する規制緩和 ③参入・路線・価格規制の全面的緩和 ④海外とのオープンスカイ
時期	①1970～1990年ごろ ②2000年公布，2002年施行 ③2006年（地域公共交通活性化・再生法施行に併せて）	①1989年 ②1997年～1998年 ③1999年公布，2000年施行	①1993年～1998年ごろ ②2000年 ③2009年	①1983年～1986年，1992年，1996年 ②1985年，1994年～1995年，1998年 ③2000年 ④2007年以降段階的に（現在も進行中）
効果	参入は小規模事業者・ニッチ的エリアがほとんど競争が起きたエリアは限定的（岡山，長崎空港，仙台地区高速バス，帯広など） コスト・乗客数等の大きな変化はなし 収益（収支状況）も大きくは変化せず 路線廃止（撤退）が加速したわけではない ⇒全体として影響は小規模にとどまる	小規模事業者・異業種からの参入が増加，大手は分社化や撤退が加速 価格ダンピングの激化 →収益確保のためにコミュニティバスなど乗合事業への進出増加（地方部），あるいはツアーバスへの参入 事業者の質が一部で低下（労働条件，安全など）	車両台数の増加 価格水準の低下（初乗り運賃，割引運賃など） 労働条件の悪化（最低賃金など） 業界の体質変化はほとんど起こらず（歩合制の給与体系が変わらない，など）	新規参入事業者による価格低下（海外ほどではない） 航空便数の増加があまり進まず＝羽田空港の容量制約の関係 既存事業者と新規事業者の経営規模の差が大きく競争状態といえない状態も（ANAによる新規事業者の傘下化など）

	鉄道	内航海運	港湾運送	トラック
内容	①旧国鉄の地域分割・民営化（JR7社体制への移行），国鉄赤字ローカル線の第三セクター事業者移管 ②参入退出規制・価格規制の緩和 ③鉄道貨物部分の規制緩和（価格面）	①Ship&Built（S&B）規制の緩和・廃止と暫定措置事業への移行 ②価格カルテルの見直し	参入規制と価格規制の緩和	①事業免許規制の緩和 ②運賃規制の緩和
時期	①1987年（第三セクターは1984年以降） ②2000年 ③2003年	①1988年見直し，1998年廃止（暫定措置事業へ移行），2000年見直し ②1994年（閣議決定），内航タンカー・ケミカルタンカーのカルテルを1998年廃止	2000年（主要9港のみ），2006年（地方港全体へ拡大）	①1970年～ ②1990年（物流二法の制定）
効果	サービス水準の向上（国鉄からJR/3セク化により） 地方路線の退出はあった（規制緩和が原因ではない） 参入は事実上無理（参入事例はない） データが非公開になり実態把握が困難に	実態として規制が存続（暫定措置事業の存在）	参入事業者はあったがそれほど多くない（参入はなかなか困難） 価格規制緩和の効果は不明	新規参入は増加，ただし小規模事業者が多い 価格水準の低下 小規模事業者の大手事業者による囲い込み（系列化）

出所：各種資料から筆者作成。

第10章

交通分野における外部効果
－環境問題－

Learning Points

・外部効果の視点で環境問題を把握すること。
・外部効果の内部化の手法を理解すること。

Key Words

環境問題，市場の失敗，外部効果，死荷重，規制，課税

わが国の運輸部門におけるCO_2の排出量は，2019年度で2億600万トンにのぼり，日本全体のCO_2排出量の20.0％を占めている。その内訳は，自家用乗用車によるものが46％を占め，次いで貨物自動車が37％，バスや鉄道，航空機などのその他の輸送機関が17％となっている。しかしわが国では，京都議定書において，温室効果ガスの排出量を第1約束期間（2008年度から2012年度）に基準年（1990年度）の水準から6％を削減するように定められたことを受け，自動車の燃費改善などが図られ，2001年度以降の運輸部門におけるCO_2の排出量は減少傾向にある（図10-1）。

ところで，交通分野はCO_2の排出だけではなく，多くの環境問題を引き起こしている。たとえば，自動車や船舶，飛行機からの大気汚染や鉄道や飛行機による騒音，船舶による水質汚濁などが挙げられる。特に自動車による大

図10-1 運輸部門のCO₂排出量

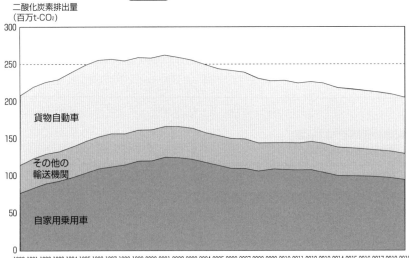

二酸化炭素排出量
（百万t-CO₂）

注：その他の輸送機関：バス，タクシー，鉄道，船舶，航空。
出所：国土交通省ホームページより抜粋。

表10-1　自動車から発生する主な大気汚染物質

大気汚染物質	概　　要
一酸化炭素（CO）	ガソリンや軽油の不完全燃焼によって生成される。これを吸引すると，人体内の酸素を運ぶヘモグロビンと結合し，酸欠状態を引き起こすなどの影響をもたらす。
二酸化炭素（CO₂）	燃焼中の炭素やその化合物が完全燃焼したときに生成される。太陽光線は素通りさせるが，地球表面から放出される熱線（赤外線）を効率よく吸収するため，温室効果をもたらす。
炭化水素（HC）	炭素と水素の化合物。窒素酸化物と同様に，一定の条件の下で紫外線に照射されると，オキシダント（OX）を生成し，光化学スモッグを発生させる。
二酸化硫黄（SO₂）	燃料に含まれる硫黄が，燃焼過程で酸化されて生成される。特にディーゼル自動車の燃料である軽油中に多く含まれる。人体に取り込まれると，喘息や気管支炎などの健康被害をもたらすとされる。
窒素酸化物（NOₓ）	窒素と酸素の化合物の総称。空気の成分の78%が窒素であるため，空気中で燃焼されれば生成される。しかし高温で燃焼されると大量に発生し，人体に悪影響を及ぼすとされる。
浮遊粒子状物質（SPM）	大気中に漂う粒形10μm以下の粒子の総称。ディーゼル自動車の排気管から出る黒煙や自動車の走行時に舞い上がる細かな粒子などがある。人体に取り込まれることで，喘息や気管支炎などの健康被害を引き起こすとされる。

出所：柴田他（1995）より筆者作成。

気汚染は，都市部において深刻な環境問題を引き起こしてきた。表10-1は自動車の排気ガスに含まれる主な大気汚染物質である。これらの大気汚染物質は，二酸化炭素などのように地球規模で温暖化の原因となるものから，浮遊粒子状物質（SPM）のように，道路沿道の住民に，喘息や気管支炎などの健康被害をもたらすとされるものまで，その被害の種類や影響の及ぶ範囲は多様である。1つの試算であるが，日本全体における自動車からの大気汚染物質の排出による被害コストは，二酸化炭素で1,992億円～1兆2,804億円，浮遊粒子状物質（SPMのみ対象）で2兆6,633億円～17兆2,763億円にものぼるとされる[1]。

1　被害コストの推定の詳細は，兒山（2014）を参照すること。兒山は乗用車，バス，大型トラック，小型トラック別に2010年度のデータを用いて，大気汚染，気候変動，騒音，事故の外部費用，インフラ費用の過小負担分，混雑損失を評価している。特に大気汚染の外部費用は，自動車から排出される浮遊粒子状物資（SPM）による死亡被害を対象とし，自動車からのSPMによる死亡者数に統計的生命の価値を乗じることで推定している。また気候変動の外部費用については，自動車から排出される二酸化炭素を算出し，その二酸化炭素の排出量に，先行研究をもとに設定した二酸化炭素1トン当たりのコスト（1,012～6,506円）を乗じて推定している。

このように自動車をはじめとする交通分野からの環境問題は，社会に対し無視することのできない被害をもたらしている。そこで本章では，交通分野の環境問題を経済学における「外部効果」という概念に沿って説明し，その対策を検討することにしよう。

第2節 「市場の失敗」と外部効果

経済学では，消費者や企業が行う財やサービスの取引について，完全競争市場は望ましい資源配分を社会にもたらすことが示されている。そしてその完全競争市場を実現するためには，すべての財・サービスにおいて，所有権が確定し，かつ交換のための市場が成立しているという「市場の普遍性」と，市場に多くの消費者および生産者が参加しており，個々の経済主体は市場価格に影響を与えるほどの力をもっていないという「市場の完全競争性」の2つの条件を満たす必要があるとされている。

しかし，これらの条件が満たされない場合，完全競争市場は成り立たなくなり，市場がもたらす資源配分は必ずしも社会的に望ましいものではなくなる。このことを経済学では「市場の失敗」と呼ぶ。そして，本章で取り上げる外部効果の問題は，完全競争市場が成り立つ2つの条件のうち「市場の普遍性」が満たされない場合に起こる。

そこで，まず外部効果について整理することにしよう。私たちの生活のなかでは，すべての財やサービスについて市場が設定されているわけではない。たとえば交通渋滞が発生した場合，自動車の利用者は予定どおりに目的地に到着できないという時間損失を被る。そしてこの時間損失は，何らかの形で，その利用者の経済活動に影響を及ぼしている。このように，ある経済主体の行為が，他の経済主体の経済活動に何らかの影響を与えることを，経済学では外部効果（外部性）と呼ぶ。またこの外部効果は，他の経済主体への影響の与え方によって2つに分類され，他の経済主体に正の影響を与えるものを外部経済，負の影響を与えるものを外部不経済と呼んでいる。

　交通における外部経済の例としては，高速道路が整備されることにより周辺地域の交通アクセスが改善されることで，地価が上昇する場合などが挙げられる。この場合，地域住民は直接的な経済活動や費用負担をしていないにもかかわらず，地価の上昇という正の影響を享受できる。一方，交通における外部不経済の例としては，空港の騒音問題などが挙げられる。飛行機はその離着陸時に空港周辺で騒音を発生させてしまう。しかし一般に，空港および航空会社は，飛行機の離着陸によって発生する騒音被害について，そのすべてを解消したり，賠償するという形で費用負担しているわけではない。多くの場合，この騒音による費用の少なくとも一部は，空港周辺に居住する住民が被害という形で負担を強いられている。このように，消費者や企業の経済活動のなかで外部効果が発生する場合，消費者の選好や企業の生産活動に何らかの影響を及ぼしてしまう。そのため市場における望ましい資源配分が行えなくなるという「市場の失敗」が起こるのである。

　そこで，交通における外部効果が発生することによる「市場の失敗」について，自動車からの排気ガスによる環境問題を例に挙げて，理論的に説明することにしよう。消費者が自家用車を運転して移動する場合，その消費者は自ら自動車移動サービスを生産し，需要すると捉えることができる。そしてこの自動車移動サービスには次の2つの特徴がある。まず1つ目の特徴は，今述べたように，タクシーやバスとは異なり，一般に消費者が自ら自動車を運転することで，その自動車移動サービスを生産するという，自己生産・自己消費のサービスであるという点である。2つ目の特徴としては，その自動車移動サービスを生産する場合に必要となる道路は，高速道路などの一部を除き，一般的に対価を直接的に支払うことなく利用することができるという点である。以下では，この2つの特徴を前提に，具体的に自動車移動サービス市場について検討することにしよう。

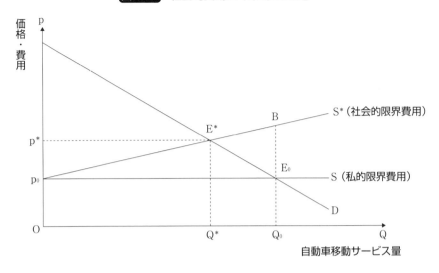

図10-2 社会的費用と「市場の失敗」

図10-2は自動車移動サービス市場の需要と供給を表している。そしてこの図表の横軸は自動車移動サービス量を表し，縦軸は自動車移動サービスの価格・費用を表している。この場合，自動車移動サービスの価格・費用とは，消費者が自ら自動車を運転する際に発生する燃料費や所要時間などの合計である。

まず，自動車移動サービスに対する需要曲線Dは，右下がりになると考えられる。これは，一般に自動車移動にかかる費用（負担額）が増加すると，自動車を利用する人もしくは自動車を利用する量が減少すると想定できるからである。一方，消費者が自ら自動車を運転しどのくらい自動車移動サービスを生産するかを表す供給曲線Sは，自動車移動サービスを1単位（たとえば台km）生産するために消費者が負担する費用を表す私的限界費用によって決まり，横軸に平行な曲線を仮定する。これは自動車移動サービスの生産に必要な要素は，燃料や運転という労働などであることから，この生産要素の費用は自動車移動サービスの生産量（移動距離）に対して比例的に増加すると想定できるからである。そして自動車移動サービスは需要曲線と供給曲

線が交わるQ_0の水準で生産・消費される。

　しかし自動車は走行にともない排気ガスを発生させる。そしてその影響は，多くの場合，道路沿線の住民が被害という形で負担している。つまり自動車移動サービスの生産にともない，負の外部効果（外部不経済）が発生していると考えることができる。そして他の経済主体が被る被害，この場合は道路沿道の住民などが被害として負担する費用を経済学では外部費用と呼ぶ。そこで自動車移動サービスの生産にともない発生する自動車の外部費用を考慮した，自動車移動サービスの生産における社会的限界費用（Social Marginal Cost）を図10-2にＳ＊のように描くことにしよう。この社会的限界費用とは，自動車移動サービスを１単位生産する場合，燃料費など市場取引を通じて消費者が負担している費用（私的費用）に，今回のような自動車が１単位走行することで発生する排気ガスによる道路沿道の住民が被る被害（外部費用）を加えたものである。つまり自動車の走行単位当たりでどの程度，私的費用と外部費用をあわせた社会的費用が発生しているかを表している。そして自動車の排気ガスによる外部費用は，自動車移動サービスの生産量（走行量）の増加にともない増加していくと仮定できることから，自動車の外部費用を考慮した新しい供給曲線は社会的限界費用によって決まり，図10-2のように右上がりの曲線で表すことができる。なお図10-2の社会的限界費用と私的限界費用の乖離部分であるE_0Bが新たに考慮した外部費用を表している。そして需要曲線と供給曲線の新たな交点は点Ｅ＊となり，Ｑ＊が外部費用を考慮した社会的に最適な自動車移動サービスの生産・消費量となる。

　そこで自動車からの排気ガスの被害，いわゆる外部費用を，消費者が負担する場合としない場合で比較してみよう。すると消費者が外部費用を適正に負担しない場合の自動車移動サービスの供給量（Q_0）は，外部費用を含めたすべての費用を負担した場合の自動車移動サービスの供給量（Ｑ＊）と比べて過大になることがわかる。この状態が意味することは，市場を自由放任にした場合，経済学的には資源配分が非効率な状態にあるということである。それは資源配分が効率的な場合と比べて，社会的余剰が少なくなっており，

ΔE^*E_0Bの面積分が死重的損失（死荷重）となっているからである。

第3節 外部効果の内部化

　交通分野から発生する環境問題は，主に道路や空港などの交通インフラの周辺で大きな影響をもたらしている。たとえば自動車の排気ガスによって道路周辺の大気が汚染されれば，住民は呼吸器系疾患などの健康被害を発症するリスクが高まるとされる。そしてこのような環境被害を回復させるための費用は，汚染物質を排出した主体，たとえば自動車の利用者や交通事業者が負担しない場合，健康被害にあった個人や，場合によっては政府がその費用を負担せざるを得ない。この経済学でいう「市場の失敗」の影響を矯正するために，政府は何らかの公共政策を実施する必要がある。

　そこで重要となるのが，外部不経済が発生している財・サービスの生産を社会的に最適な水準に誘導することである。具体的には図10-2でいう私的限界費用のもとで決定される自動車移動サービスのQ_0の水準を，外部費用を考慮した社会的限界費用のもとで決定されるQ^*の水準まで，いかに自動車移動サービスの生産量を減少させるかということである。

　その対処法として有効とされるのが，経済学におけるピグー税の理論である。このピグー税の理論とは，外部不経済が発生している財・サービスの生産に対し，外部限界費用に等しく設定された税を生産者に課すことで，汚染物質の排出量は最適な水準に導かれ，資源配分も効率的な状態になるとする理論である。ここでは，自動車による大気汚染の環境被害を自動車移動サービスの生産者に税として課すことで，自動車移動サービスの生産を最適な水準に調整させることが重要である。具体的には生産者に自動車の大気汚染に関する外部限界費用を税として課し，自動車移動サービスの生産を削減することで得られる税の節約分と，自動車移動サービスの生産を削減することで発生する新たな費用（または便益の減少）とを比較し，自らの利益が最大となるように，自動車移動サービスの生産量を調整させることである。その結

果，自動車移動サービスの供給量はQ＊の水準まで削減される。

　このピグー税の理論のように，主に外部不経済を解消することを経済学では，外部効果の内部化という。具体的な手法は次の3つに分類される。

　まず1つ目は，外部不経済を生み出す側とその影響を受ける側との間で交渉を行って，外部不経済を社会的に望ましい水準に調整する手法である。たとえば公害を発生させている企業が，その公害をもたらす経済活動に反対する住民に対し，「財・サービスを1単位生産する代わりに，その生産活動で発生する公害による被害に相当する額を被害住民に賠償金として支払う」という提案を行い，企業と住民間で合意を得るという方法がある。これは経済学におけるコースの定理をもとにした手法である。しかしこの交渉による問題解決を図るためには，外部効果に関する費用と便益がある程度客観的に計測可能であること，外部効果に関係する主体の数が交渉できる程度の範囲であることなどの条件が成立している必要がある。

　つぎに2つ目は，外部不経済を発生させる経済活動に対し規制的措置をとる手法がある。この規制的措置は，消費者や企業に対し法律をもとに何かを禁止したり，義務づけたりする措置で，わが国の公害対策でよく用いられている。この手法は，直接的に外部不経済を発生させる経済活動を制限することができるため，確実な効果が期待できることや市民の健康や安全に対し迅速に対応できるなどのメリットがある。一方で，過度な規制が経済の効率性を歪め，自由競争を阻害する可能性があるほか，規制の運用に膨大な管理コストがかかる場合があるなどデメリットもある。

　最後に3つ目は，外部不経済を発生させる経済活動に対して経済的措置をとる手法である。具体的には課税や補助金などによって外部不経済の発生を減少させるというものである。この手法には，外部不経済が発生する理由を，自由な市場のもとでは，外部不経済を発生させている主体は，その外部不経済を自ら負担すべき費用であると認識していないため，財やサービスを社会的に最適な水準よりも過剰に生産してしまうと捉える理論的背景がある。そこで，前述のピグー税の議論のように，その財やサービスを生産する主体に，

生産にともなって発生する外部不経済分を課税することができれば，過剰な生産は起こらないとしている。一方，補助金による手法は，外部不経済を発生させる財やサービスを生産する主体に対し，外部不経済を発生させる財やサービスの生産量を減少させる代わりに，その財やサービスの生産を1単位減少させるために必要となる費用を補助金として政府が与えるというものである。しかしこのような課税や補助金を用いる手法は，外部不経済の規模を測定する必要があるほか，補助金を支出する場合はその補助金の原資を誰が負担するのかなど，導入には課題も多い。

　一般的には，自由な市場競争を前提とするかぎり，このような外部効果の内部化は，まず課税や補助金などを用いた経済的措置を行い，その手法では十分な効果が得られない場合に，それを補う形で規制的措置を講じることが重要である。たとえば自動車からの大気汚染の問題に対し，その外部効果（外部不経済）を内部化するためには，環境性能の低い自動車に乗りたい消費者に対しそれを禁止するのではなく，その自動車が発生させる外部不経済に見合った環境税を消費者に負担してもらう方が，自由な市場経済においては望ましい。そうすれば，消費者は自動車による環境被害を自らの費用として認識し，自ら環境性能の高い自動車に乗り換えるか，自動車の利用を抑えるなどの対応を行うだろう。その結果，外部不経済の発生も抑制でき，自動車移動サービスの供給量も社会的に望ましい水準までコントロールすることができる。

（1）外部効果の内部化の政策例：規制

　外部効果を内部化する手法の1つである規制とは，一般に国や地方自治体が企業や消費者の経済活動に対し，特定の行政的な目的のために介入する政策である。そしてその目的の違いから，規制は経済的規制と社会的規制の2つに分類される。まず経済的規制とは，市場独占や情報の非対称性といった「市場の失敗」による資源配分の非効率の発生を防止する目的で行われる規制である。たとえば，価格規制や参入・退出規制などがそれに当たる。一方社会的規制とは，消費者や労働者の安全や健康の確保などを目的として行わ

れる規制である。たとえば，食品の安全を確保するための食品衛生法や労働者の良好な労働環境を確保するための労働基準法による規制などがある。そして大気汚染などの環境問題については，国民の健康や安全を確保する目的で社会的規制として，環境汚染源に対し規制を設けることが多い。

　そこで，交通分野における環境問題の対策として実施される直接規制の例として，都市における貨物自動車に対する環境規制について説明しよう。ひと昔前，都市部の幹線道路では，貨物自動車から排出される排気ガスが道路周辺の大気環境を悪化させていた。とくに貨物自動車の多くを占めるディーゼルトラックから排出される浮遊粒子状物質（SPMまたはPM_{10}）は，道路周辺の住民に対し，喘息や呼吸器疾患などの健康被害をもたらしていた。そこで国や地方自治体は，貨物自動車に対する排ガス規制を実施し，貨物自動車からの大気汚染物質の排出を抑え，大気汚染の外部不経済の発生を抑制する政策を実施した。その規制の内容は，国や地方自治体が大気汚染物質の環境基準などを決めた後，基準が守られているかどうかをモニタリングし，その基準を上回る場合には，何らかのペナルティを発生者に与えるという規制である。たとえば，東京都や愛知県，大阪府などの都府県の一部地域で実施された自動車NO_X・PM法（2007（平成19）年5月改正）では，窒素酸化物と浮遊粒子状物質に関する排出基準を満たしていないトラック，バス，ディーゼル乗用車の使用が禁止された。このような貨物自動車などからの大気汚染という外部不経済の発生を抑制するために実施された規制は，道路周辺の環境基準をもとに規制水準が決定され，事業者等に規制の遵守を求めた。その結果，図10-3のように，東京都内の道路周辺の大気状況を測定する自動車排出ガス測定局における二酸化窒素（NO_2）と浮遊粒子状物質（SPM）の濃度は，東京都の独自のディーゼル車に対する規制（2003年から実施）と相俟って急速に改善した[2]。しかしこのような環境基準に適合しない車両の走行

2　東京都は，国とは別に近隣の県と連携して，2003年から東京都，埼玉県，千葉県，神奈川県の全域で，環境確保条例で定めた浮遊粒子状物質の排出基準を満たさないディーゼル車に対し走行を禁止する規制を導入した。

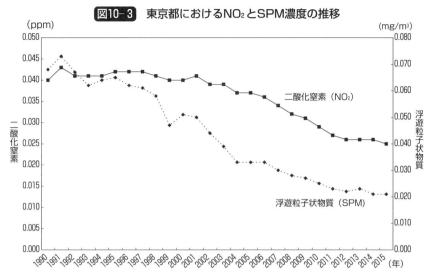

図10-3 東京都におけるNO₂とSPM濃度の推移

(ppm)　　　　　　　　　　　　　　　　　　　　　　　　　　　　(mg/m³)

二酸化窒素（NO₂）

浮遊粒子状物質（SPM）

出所：東京都環境局（2016）より筆者作成。

を禁止するような厳しい規制の導入は，トラックを保有する物流事業者など
にとっては，基準に適応した車両への代替を含めた対応が求められたため，
その規制遵守費用が非常に大きかった。そこで実際の政策では，国や地方自
治体が環境性能の高いトラックへの代替に対する補助金を支出するなど，経
済的手段とあわせて実施された。

（2）外部効果の内部化の政策例：炭素税

　外部効果を内部化する手法の1つである課税は，国などが外部不経済の発
生をともなう財やサービスを生産する主体に対し，その外部不経済分を課税
するという経済的措置である。そこで交通分野から発生する二酸化炭素など
の排出を抑制するために導入される炭素税を，具体的な政策例としてみてい
くことにしよう。自動車の燃料である石油などの化石燃料は，燃焼すると二
酸化炭素などの温室効果ガスを排出する。この温室効果ガスは地球温暖化の
要因の1つとされ，交通分野を含むさまざまな経済活動からの排出をいかに

表10-2　主な炭素税等導入国の概要

		導入年	税率	交通分野の課税対象	税収使途
日本	地球温暖化対策税	2012	289円/tCO$_2$	ガソリン，LPG，天然ガスなど	省エネルギー対策などエネルギー起源CO$_2$排出抑制の施策の財源
フィンランド	炭素税	1990	62EUR/tCO$_2$	ガソリン，軽油，LPG，天然ガスなど	所得税減税の原資等
スウェーデン	CO$_2$税	1991	119EUR/tCO$_2$	ガソリン，軽油，重油，天然ガスなど	低所得者層の所得税減税の原資等
デンマーク	CO$_2$税	1992	173.2DKK/tCO$_2$	ガソリン，軽油，重油，天然ガスなど	政府の財政需要に応じて支出
スイス	CO$_2$税	2008	96CHF/tCO$_2$	石油，石炭，天然ガスなど（輸送用燃料除く）	建築物改装基金や技術革新ファンドへの出資，国民・企業への還流
アイルランド	炭素税	2010	20EUR/tCO$_2$	ガソリン，軽油，重油，天然ガスなど	赤字補填に活用
フランス	炭素税	2014	44.6EUR/tCO$_2$	ガソリン，軽油，重油，天然ガスなど	税収の一部は競争力・雇用税額控除の原資等
ポルトガル	炭素税	2015	6.85EUR/tCO$_2$	ガソリン，軽油，天然ガス，LPG	電気自動車購入費用の還付等

注：2018年3月時点。
出所：環境省（2018）より筆者作成。

抑制するかが課題となっていることは，前述のとおりである。わが国でも，化石燃料の消費を抑制し，二酸化炭素の排出を削減するために，化石燃料の消費に対し，その炭素含有量に応じて課税する炭素税の導入を進めている。

　表10-2は炭素税等を導入する主な国の概要である。この炭素税は1980年代からの環境問題に対する関心の高まりを受けて，1990年に世界で初めてフィンランドが導入，その後スウェーデン，ノルウェー，デンマークなど，主にヨーロッパ諸国で導入が進められた。そして交通分野に対しては，燃料となるガソリンや軽油などの化石燃料に対し課税が行われた。また炭素税などの導入によって得られた税収は，税制中立の原則に従って，負担が増加した消費者や産業に減税などと組み合わせて実施し，その原資に充てた。一方，日本では2012（平成24）年に地球温暖化対策税を導入し，ガソリンなどの化石

燃料に対し，そのCO$_2$排出原単位に応じて課税を行った。そしてその税収は省エネルギー対策や再生可能エネルギー普及などを進める施策の財源に活用され，エネルギー起源のCO$_2$排出量の削減を図っている。

　このように各国で炭素税が導入されている背景には，炭素税は化石燃料の消費を抑制し，温室効果ガスの排出を削減する経済的インセンティブを市場に与える効果が期待できるからである。たとえば，炭素税が導入されると，積極的に温室効果ガスの排出削減に取り組む消費者は，燃費性能の高い自動車への乗り換えなどを行い，税負担が相対的に軽くなるなどの恩恵を受けることになる。一方，燃費性能の低い自動車に乗っている消費者は，高い税負担を強いられるため，自動車の利用を抑制したり，燃費性能の高い自動車への乗り換えを検討するかもしれない。その結果，長期的な視点でみると，自動車からの温室効果ガスの排出量は削減することができると考えることができる。

　しかし炭素税の導入に対して，その効果に疑問を呈する考え方もある。たとえば，自動車移動が不可欠な地域の住民にとって，自動車は生活必需品である。そのため炭素税が導入されたとしても，簡単に自動車の利用を削減することはできない。また燃費性能の高い自動車への乗り換えも，すぐには進まない。そのため短期的には，炭素税を導入しても化石燃料の消費抑制は限定的であるとしている。その一方で炭素税の導入は，化石燃料の価格上昇を招くため，物流事業者をはじめ，自動車を利用しなくてはならない消費者や企業にとっては大きな費用負担となる。その結果，国の経済成長にも影響を与える可能性もある。そのため，税収中立の原則に従いながら，他の部門における減税と組み合わせながら，経済全体への影響を小さくする工夫が必要である。

第11章

交通社会資本整備のあり方

Learning Points

・交通社会資本の概要を理解すること。
・交通社会資本整備と「市場の失敗」との関連を理解すること。
・交通社会資本整備への市場メカニズムの導入意義を理解すること。

Key Words

交通社会資本，PFI，民営化，上下分離，コンセッション方式

第1節 交通社会資本とは

　社会資本とは，「私的動機にゆだねていては国民経済社会の必要からみて存在量が不足または著しく不均衡になる資本」と定義されている（経済審議会 1968）。より具体的に，交通分野における社会資本（以降，交通社会資本と表記）をみてみると，道路，空港および新幹線など，いわゆる交通の下部構造（infrastructure）や交通施設を指していることが一般的である。

　本章は，交通社会資本整備と「市場の失敗」との関連を明らかにした後，交通社会資本整備への市場メカニズムの導入について解説する。

第2節 交通社会資本整備と「市場の失敗」

　そもそも交通社会資本は，政府などの公的部門が供給すべきものなのだろうか。それとも，企業など私的部門が供給すべきものなのだろうか。ここでは交通社会資本整備における「市場の失敗」について考えてみよう。

　第1に，交通社会資本を整備する際には一般的に巨額の固定費用が必要である。このような財の供給の際には，供給量が増えれば平均費用が減少するという規模の経済が生じることが知られている。このような，いわゆる費用逓減産業と同様の場合に市場メカニズムを通じた供給を行うと，破滅的競争の結果，自然独占をむかえてしまう。

　第2に，交通社会資本を整備することによって，騒音や排気ガスの問題が生じてしまう場合は，第10章でもみてきた技術的外部不経済が発生している状態と考えられるので，市場の失敗が生じる。

　第3に，一般道路のように，料金所を設置してフリーライダー（ただ乗り）を排除する費用が禁止的に高くなってしまうような，消費の非排除性をもっている交通社会資本を交通企業が整備すると，整備費用を回収できないため，市場は失敗する。

　第4に，公共財において混雑が発生していない場合，つまり消費の非競合

性をもつ財は，使用者数が増加しても，それにともなう費用を増やさずにサービス供給量を増加させることができる。つまり，限界費用価格形成原理を公共財の一種である交通社会資本に適用すれば，価格がほぼゼロとなる可能性があり，市場が十分機能しない。

そして第5に，交通社会資本整備は一般的に懐妊期間が長く，私的部門では整備にともなう不確実性やリスクをすべて賄うことができない。

他方，政府の市場介入の根拠とはならないが，道路や空港のような交通施設を整備する場合，一般的に周辺地域に金銭的外部経済を生じさせる。日本の民営鉄道に代表されるように，開発利益の還元を組み込んだ整備により外部効果を内部化するならば，交通企業は赤字に陥らない可能性があるが，道路や空港のように外部効果を内部化するような仕組みが存在しない場合は，整備主体に赤字が生じる可能性がある。

このように，交通社会資本という財は，費用逓減，外部効果，公共財，そして情報の不完全性といった，ほぼすべての「市場の失敗」要因を持ち合わせており，市場メカニズムを通じて民間企業に供給を任せれば，資源配分上非効率となってしまう可能性が高い。そのため，政府をはじめとする公共部門が交通社会資本整備に対して，市場介入を行う妥当性はあるといえる。

ただし，交通社会資本整備を全面的に政府に任せれば，政府の失敗が生じる可能性も否定できないため，現在では民間企業の整備手法も適切に導入する事例が多くなっている。

たとえば，民間による資金調達を基本とした社会資本整備の方法であり，イギリスのサッチャー政権下で積極的に導入されたPFI（Private Finance Initiative）という手法がある。PFIの導入目的は，事業の経営効率化とその促進である。

日本の交通分野でのPFI事例としては，羽田空港の再拡張工事にともなう国際線ターミナルやエプロン（駐機場）等の国際定期便の就航に必要な機能を整備した事例がある。

PFIの重要な特徴の1つに，VFM（Value for Money）の考え方による効

率化の追求がある。VFMとは，あるプロジェクトに投下される資金によって得られる便益を意味している。

　日本の場合では，まず公共部門によるサービス供給と民間部門によるサービス供給を比較して，提供されるサービスを一定にしたうえで，民間部門に任せることでより低費用でサービス供給がなされる場合に，VFMがあると判断されている。

　このように，「市場の失敗」を多く抱える交通社会資本整備においても，その財の「市場の失敗」の程度をみながら市場メカニズムの導入を検討することが今後いっそう求められるだろう。次節では，交通社会資本整備への市場メカニズムの導入についてさらに考えてみよう。

第3節　交通社会資本整備への市場メカニズムの導入

（1）民営化

　交通社会資本への市場メカニズムの導入として，第1に挙げられるものが民営化や株式会社化という手法である。日本の鉄道の場合，図11-1のように，

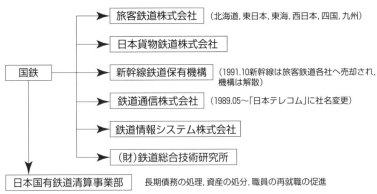

図11-1　国鉄分割民営化

出所：国土交通省ホームページ。

1987（昭和62）年に日本国有鉄道（国鉄）が分割民営化（株式会社化）され
て，6つの旅客会社と1つの貨物会社（JR各社）が誕生した。一方で，民
営鉄道（いわゆる私鉄）は古くから地域の旅客輸送を担っており，私鉄型鉄
道経営は現在も研究対象となっている。

　一方，図11-2のように，2005（平成17）年には日本道路公団をはじめとす
る道路関係4公団が株式会社化された。ただし，日本道路公団の民営化の場
合，高速道路の建設・管理・料金徴収を行う株式会社として6社が新たに誕
生したことにあわせて，高速道路の保有と債務償還を行う独立行政法人日本
高速道路保有・債務返済機構も誕生した。これは，本章第1節で説明したよ
うに，交通社会資本はそもそも「市場の失敗」要因を多く抱えているためで
あり，「市場の失敗」部分を公的部門が担い，あわせて経営効率を高める方

図11-2　高速道路民営化

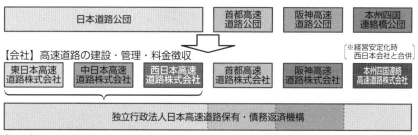

会社と機構による高速道路事業の実施スキーム

出所：国土交通省道路局ホームページより抜粋。

策である上下分離の一種と見なすこともできるであろう。

　さらに，関西国際空港は，日本で初めての株式会社によって所有・運営される空港である。諸外国では，1987年に民営化されたBAA plc（イギリス空港公開有限責任会社）をはじめ，数多くの民営化空港が存在する。

（2）上下分離

　上下分離とは，そもそも1970年代のアメリカ（Amtrak社）で初めて大規模に実施され，イギリスなどの鉄道市場などで広く見受けられる手法で，鉄道でいえば車両や乗務員などの上部構造と線路といった下部構造の経営を分離して，埋没費用の少ない上部構造へ市場メカニズムを導入するものである。

　鉄道事業での上下分離方式導入に積極的なEUでは，その実現可能性も踏まえて，上下分離を図11-3のように３種類に区分した。第１に，会計分離とは，鉄道企業会計を輸送部門と線路部門の会計単位に区分したものである。

図11-3 EUにおける上下分離方式

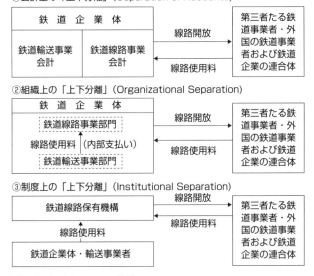

①会計上の「上下分離」（Separation of Accounts）

②組織上の「上下分離」（Organizational Separation）

③制度上の「上下分離」（Institutional Separation）

出所：堀（2000）p.21より抜粋。

第2に，組織分離とは，鉄道事業者内部を組織的に輸送事業部門と線路事業部門の2部門に分離して，各事業部門の決定権限や責任の所在を明確化する事業部制のことである。第3に，制度分離とは，輸送部門と線路部門を異なる法人格として分離独立させるものである。このうち制度分離は，輸送部門と線路部門間の内部補助が実施できなくなるため，EUの競争政策にかなうものである。

一方，日本では，1958年に設立された神戸高速鉄道が下部構造だけをもつ企業として運営されているが，競争導入の意味合いよりも鉄道経営における負担軽減の意味合いが強い。

たとえば，地域公共交通活性化・再生法の枠組みのなかで，鉄道事業への上下分離方式の政策転換がなされたのは2008年改正法であった。2008年改正法までは，図11-4のようであった。

日本の場合，その多くが，「運行」，「土地保有」，および「鉄道施設保有」を一体的に実施する第一種鉄道事業者として現在も鉄道事業を行っている。しかし，地方鉄道の維持に向けて，「運行」と，「土地保有」および「鉄道施設保有」を分離する上下分離方式も検討されてきた。この場合，「運行」に

図11-4　地域公共交通活性化・再生法（2007年施行）の概要

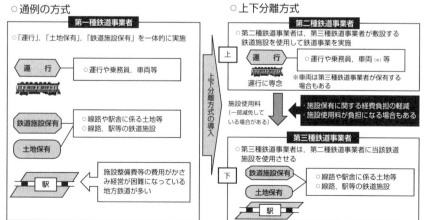

出所：国土交通省ホームページ。

専念する第二種鉄道事業者が，「土地保有」および「鉄道施設保有」にかかわる第三種鉄道事業者に対して施設使用料を支払うことになり，鉄道事業にとって施設保有に関する経費負担の削減がなされる。

しかし，上記上下分離方式にはいくつかの課題が指摘された。そのなかでも，第三種鉄道事業者として地方公共団体が事業許可を取得する際に，事業収入を前提とした事業採算性を審査されるため，無償で鉄道施設を第二種鉄道事業者に使用させることができない点が挙げられた。

このため，2008年改正法では，図11-5のように，第三種鉄道事業者として地方公共団体が事業許可を取得する際に，無償で鉄道施設を第二種鉄道事業者に使用させることができるようになった。具体的には，鉄道事業再構築事業を新設して，以前の鉄道事業法では実施できなかった「公有民営」方式による上下分離制度の導入が可能となった。

図11-5のような「公有民営」方式による上下分離の事例として，沿線自治体が複数存在する京都丹後鉄道（旧北近畿タンゴ鉄道）と沿線自治体が１市

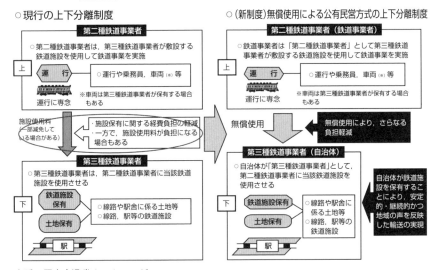

図11-5 2008年改正法以降の鉄道における上下分離方式

出所：国土交通省ホームページ。

（三重県四日市市）である四日市あすなろう鉄道（旧近畿日本鉄道内部・八王子線）がある。

（3）コンセッション方式

　交通社会資本整備における公民連携の事例としては，関西国際空港と大阪国際空港の経営統合およびコンセッション方式導入の事例がある。一般的に，公民連携を行う意義は，従来は公的部門が担っていたサービス供給について，民間企業と協働で行うことで，民間企業のノウハウや民間資金調達による経営効率のアップを目指す点にある。

　関西国際空港と大阪国際空港（伊丹空港）の経営統合は，運営の効率性を高めるため，図11-6のように2012（平成24）年に実施された。この経営統合により，国が100％出資して設立した「新関西国際空港株式会社」が両空港を一体的に管理・運営することとなった。

　その後，関西国際空港の着陸料の戦略的な引下げや際内乗継機能の強化，LCC（Low Cost Carrier）拠点化や貨物取扱機能の強化などに取り組み，空

図11-6　関西国際空港と大阪国際空港（伊丹空港）の経営統合

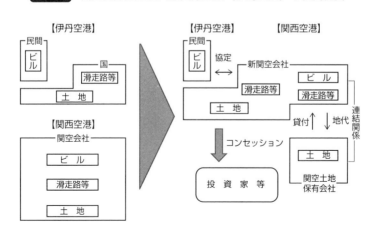

出所：大阪府ホームページより抜粋。

港の事業価値を高めたうえで，2016年にコンセッション（事業運営権の売却）が実施され，関西エアポート株式会社による事業運営が始まった。

　関西エアポート株式会社の資本金は250億円で，オリックスとヴァンシが40％ずつ，残り20％については関西を拠点とする企業・金融機関30社が出資した。空港用地や施設は，新関西国際空港会社と関西国際空港土地保有会社が所有する。運営契約期間は，2016年4月1日から2060年3月31日までの44年間を予定している。

　関西国際空港と大阪国際空港の維持管理や運営に，官民連携による民間の創意工夫を活用することで，サービスの向上や経営効率を高め，関西の玄関口である両空港が交流人口拡大の役割をよりいっそう担うことが今後期待される。

　関西エアポート株式会社の事例を皮切りに，国管理空港ならびに地方管理空港でもコンセッション方式が導入されている。それぞれの検討状況は図11-7と図11-8のとおりである。

図11-7　国管理空港でのコンセッション方式の導入事例

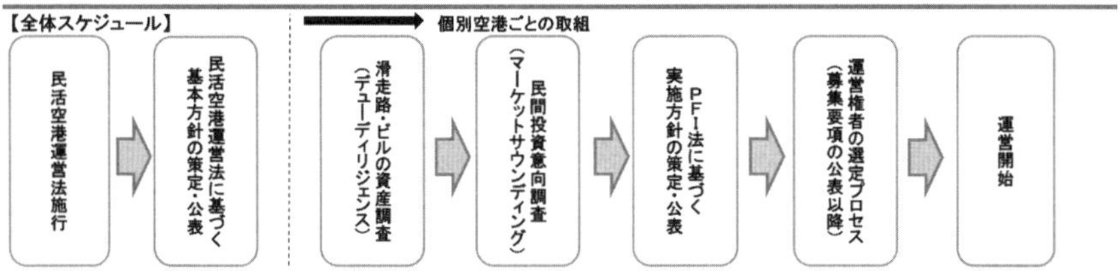

【全体スケジュール】		個別空港ごとの取組				
民活空港運営法施行	民活空港運営法に基づく基本方針の策定・公表	滑走路・ビルの資産調査（デューディリジェンス）	民間投資意向調査（マーケットサウンディング）	実施方針の策定・公表	PFI法に基づく運営権者の選定プロセス（募集要項の公表以降）	運営開始
仙台空港	H25.7	H25.11	H26.4	H26.6		H28.7〜
高松空港	H25.7	H27.10	H28.7	H28.9		H30.4〜
福岡空港	H27.9	H28.7	H29.3	H29.5		H31.4〜
北海道内7空港	H28.8	H29.7	H30.3	H30.4		R2.1〜　「空港一体のビル経営開始」R2.8〜　新千歳空港　R2.10〜　旭川空港　R3.3〜　稚内・釧路・帯広・函館・女満別空港
熊本空港	H29.4	H29.6	H30.1	H30.3		R2.4〜
広島空港	H25.7	H29.10	H31.3	R1.6		R3.7〜

出所：国土交通省「空港運営の民間委託に関する検討状況」より抜粋。

図11-8　地方管理空港のコンセッション方式の導入事例

◆ **但馬空港（兵庫県）**
　　H27.1より民間委託開始

◆ **神戸空港（神戸市）**
　　H30.4より民間委託開始

◆ **鳥取空港（鳥取県）**
　　H30.7より民間委託開始

◆ **静岡空港（静岡県）**
　　H31.4より民間委託開始

◆ **南紀白浜空港（和歌山県）**
　　H31.4より民間委託開始

◆ **旭川空港（旭川市）**
　　R2.10より民間委託開始

◆ **帯広空港（帯広市）**
　　R3.3より民間委託開始

◆ **女満別空港（北海道）**
　　R3.3より民間委託開始

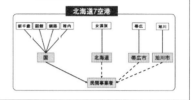

出所：国土交通省「地方管理空港等の民間委託の検討状況」より抜粋。

第12章

政策評価の手法

Learning Points

・政策評価の必要性を理解する。
・政策評価で用いられる手法を理解する。
・政策評価の課題を理解する。

Key Words

政策評価，財務評価，経済評価，費用便益分析，便益費用比率（B/C），NPV，
生産者余剰，消費者余剰

　政策評価とは，ある政策（プロジェクト）が案出されたときに，その政策の影響を判断することである。では，なぜ政策評価が必要なのであろうか。ティム・パウエル（2008）では，以下の2点を指摘している[1]。

　1)　社会全体の観点からその政策は資源を適切に利用しているものであるかを評価するため。

　2)　社会の厚生水準を最大化するためにその政策が策定されているかを評価するため。

　つまり，限られた財源を有効に活用すること，なおかつ誰かに利益・不利益が偏っていないことが政策実行には重要であり，その確認のために評価を行うことが政策評価であるといってよい。

　実際に政策評価が行われる政策の例としては，鉄道整備，道路建設，港湾や空港の拡張・整備，規制緩和政策などがある。その政策評価は，政策（プロジェクト）実行のどの過程で行われるかによって，事前評価，中間評価，事後評価にわかれる。

　事前評価とは，その政策が案出・策定された後それが実行される前に実行の適切性について行う評価である。たとえば，インフラを整備する政策が決まった際，そのインフラ整備をすることの費用対効果分析を行うことが事前評価に該当する。

　中間評価とは，政策が実行されている途中の過程で行う政策評価である。

　事後評価とは，政策を実施し完了した後に，その政策の実施における効果などを評価する，いわば「反省」のようなものである。たとえば，地域公共交通の補助金による運行支援（地域公共交通確保維持改善事業）を受けた事例では，当該政策実施後の効果に対して自治体の自己評価と，地方運輸局の

1　ティム・パウエル（2008）p.187より。

2次評価を行っており，これは事後評価の1つである。

　なお，近年ではパブリックコメントといわれる住民の意見聴取を求めることや，公共事業や政策の意思決定において計画段階から住民の意見を広く取り込むパブリックインボルブメント（PI）が導入されることがあるが，広く考えれば政策評価（の一過程）に相当する。

　本章では，「事前評価」の内容とその手法を中心に説明する。

第2節　政策（プロジェクト）評価の方法について—費用便益分析やプロジェクト評価

　本節では，政策（プロジェクト）評価で使われている評価の方法について説明する。まず，政策評価の手法を理解する必要性について述べ，実際の評価について説明する。

（1）なぜ政策評価の手法を理解する必要があるか

　政策を行えば，たとえば人の行き来が増える，税収が増加する，環境が汚染される，人口が大都市にとられ減少する，といったさまざまな政策の「効果」が出る。

　政策の実行にはお金がかかるものが多く，その財源の多くは税金である。税金を投じる理由に，個人的な感想・嗜好などといった客観的でないものを持ち出すのは論外であるが，では数値など客観的指標で示されたとしても，その計測がどのようにして行われたのかが不透明かつ恣意的なものであれば，それも問題がある。効果の検証のためには，客観的かつ公平性・透明性のある手法・計測過程で計測されることが重要である。

　また，評価するに当たっては，何らかの「基準」が必要になる。その基準も，手法同様，客観的かつ公平な基準であることが必要なのはいうまでもないが，その基準がわからなければ，そもそも評価をすることができないか，客観的かつ公平性・透明性に欠ける評価になるおそれがある。

　以上のことを踏まえると，政策評価の結果の理解，その評価の検証などを

的確に行うために，手法の理解が不可欠であるといえる。

（2）政策（プロジェクト）評価の主な方法

政策（プロジェクト）評価の大原則は，その政策実行にかかった「費用」と，その政策から得られた「便益（効果）」の比較を行う，ということである。では，この「費用」と「便益」はどのように考えるのであろうか。とりわけ，「費用」と「便益」の把握については，どの範囲の費用（便益）までをプロジェクトの費用（便益）とみるかが問題になる。その違いによって，政策評価の方法論が「財務評価」と「経済評価」に分かれる。

以下では，それぞれの方法について説明する。

①　財務評価

財務評価は，プロジェクトを推進する組織にとっての費用と便益を比較評価する。

財務評価で用いられるのは，公開されている財務データに基づいている。そのため，データの入手が容易であるというメリットがある。また，財務データは数量化されている（あるいは加工するとしても数量化が可能な）ため，定量評価が容易であることもメリットである。

しかし，プロジェクトを推進する組織（一般的には企業サイド）のみに注目しているため，他の主体における費用や便益は考慮されていない。また，財務データのみでの判断ゆえ，判断するのは収益性に限定される。これらは財務分析におけるデメリットといえる。

②　経済評価

経済評価は，社会全体にとっての費用と便益を比較評価する。したがって，プロジェクトの推進組織のみならず，社会全体における多様な利害関係者を考慮（対象と）したものとなることが，財務評価との違いである。

経済評価では，その政策（プロジェクト）を実施したことで間接的に影響

を受ける主体の影響度や，機会費用[2]といった本来金銭の単位では計測できない効果を考慮可能である点がメリットといえる。たとえば，ある道路を造った際に，その道路沿線ではない地域の住民の救急搬送時間が短縮される効果が出た場合，その時間短縮による救命率の向上といったものを間接的影響（便益）として積算することができる。

　しかし，問題もないわけではない。社会全体の効果（影響）をみる場合，その効果（影響）のなかには数量化不可能なものや，計測が容易でないものも考慮する必要性がある。これらは確立された換算基準や方法論によって数量化されることが多いとはいえ，計測の困難さは問題である。また，間接的影響については，範囲により結果が変わる可能性があり，範囲の取り方によってその影響を大きくも小さくも判断できるため，恣意性が生じる可能性があることも問題といえる。

　では，政策評価を行うに当たっては，どちらの方法を用いるのが適切なのであろうか。結論をいえば，「経済評価」の方が適切であるといえる。なぜ財務評価では適切とはいえないのであろうか。

　経済評価においても，財務データを用いた分析を行うので，財務評価をまったく行わないわけではない。ただ，政策評価を行うのは政府である。政府の目的は社会的厚生の最大化であるから，特定の主体のみならず，広く社会全体を構成する者への影響を考える必要がある。それゆえ，政府が目を配らせないといけないのは，プロジェクトの収益性だけではなく，収益性にとどまらないもっと広い範囲・主体への影響を考慮する必要がある。

　また，政策評価の対象を考えると，先に説明したように，経済評価には市場価格で評価できないものも対象に含まれる。たとえば，騒音・大気汚染の被害といった外部不経済，安全性，快適性なども評価の対象である。確か

2　本来の意味は「そのことをせずにほかのことを行っていたとすれば得られる収益」で，たとえば時間価値は機会費用の1つである。

にプロジェクトの収益性も重要であるが，収益性が高くても安全性に問題があるプロジェクトを実行すれば，事故等が起きた場合その賠償などでかえってマイナスの影響を及ぼすことも考えられる。財務評価ではこのようなマイナスの評価は財務データに出てこないため取り扱われず，プロジェクトが実行されてしまう可能性がある。

　上に述べた2つの点が抜けてしまう評価は，社会全体の厚生水準最大化にも悪影響を与えるため適切とはいえない。繰り返しになるが，経済評価でも財務評価で用いるデータを使い評価を行うため，経済評価に財務評価の側面がまったく含まれないわけではない。しかし，財務評価だけでは本来評価すべき点の多くを考慮できないため，より広範囲の影響を考慮できる経済評価による方が，適切な政策評価を行えるといえる。

第3節　政策効果（経済効果）の分析の実際—費用便益分析と余剰分析

　ここからは，実際に政策評価で用いられる費用便益分析と余剰分析の手法について，簡単な計算例も示しながら説明する。

（1）費用便益分析の実際

　費用便益分析とは，個々のプロジェクトの費用や便益を評価することで，そのなかで選択するプロジェクトの決定やプロジェクトの優先順位をつける方法である。つまり，プロジェクト採否の基準に「費用」と「便益」の比較を用いる評価方法である。

　費用と便益の測定に当たっては，計算方法は財務評価（分析）の方法を応用したものであるが，含まれる対象は財務評価より広い範囲の費用・便益を扱っている。

　費用便益分析を用いる場合，以下の2つの基準を満たすプロジェクトを採択することが望ましいとされている。

　1）　純便益の割引現在価値が正の値であるもの。

2)　純便益（の割引現在価値）が正となるものが複数ある場合は，最も大
きな値となるもの。

　ここで，純便益とは，得られる便益から費用を差し引いたものを，評価す
る時点での価値（現在価値）に直したものである。便益，費用とも金銭的価
値に換算したものを用いるが，金銭データは物価等の変動により価値が変動
するため，たとえば50年前の100円と現在の100円ではその価値（わかりにく
いようであれば，100円で買えるもの）が変化しているから，50年前の100円
と現在の100円は同じ価値ではなく，評価するには同じ時点での価値に換算
する必要がある。

　費用便益分析の方法は，何を計測するかにより，複数の方法が存在する。
　収益額を計測して評価するものとしては，プロジェクトの評価時点での価
値であるNPV（Net Present Value：純現在価値）を評価するものと，プロ
ジェクトの最終時点での価値であるNTV（Net Terminal Value：純最終価値）
を評価するものなどがある。
　収益率を計測して評価するものとしては，便益と費用の比率つまりB/C-
ratio（Benefit/Cost ratio：便益費用比率[3]）をみるもの，IRR（Internal
Rate of Return：内部収益率）をみるもの，ROI（Returns On Invest-
ment：投資収益率）をみるものなどがある。
　期間で評価するものとしては，回収期間（Payback Period）をみるもの
などがある。
　このうち，政策（プロジェクト）評価で主に使われる基準（手法）は，収
益額ベースの基準であるNPVと，費用便益分析での基礎的手法（基準）と
もいえるB/C-ratioである[4]。以下では，この2つの基準（手法）について具

3　費用便益比率ということもある。ここでは英語の順にあわせている。
4　IRRを使うことも少なくないが，本書のレベルを超えるため，ここでは紹介を割愛する。

体的な解説を加える。

① NPV

NPVによる評価では，評価するプロジェクトにおける将来の費用と便益を現在価値に割引いて（換算して）評価を行う。ここで，その現在価値に換算する比率（割引率）として用いられるものを社会的割引率という。この社会的割引率は利子率とは異なる値になることがあり，それは資本の機会費用つまり無制限に資金を使える場合の利子率を考慮した割引率である。実質の利子率は無リスクの投資口に資本を貸出すことで得られる金利であることから，それとは異なり借入可能利子率は超えない値をとるとされる。

NPVの計算は以下の式で求められる。今，プロジェクトの期間（建設を始めるところから，使用を経て減価償却が0になるまでの期間）をN（年），初期投資額をK_0，あるt期に予想される便益をB_t，そのt期に予想される費用をC_t，社会的割引率をrとすれば，以下のとおり表される。

$$NPV = -\text{初期投資額} + \sum \frac{\text{各種の便益} - \text{各期の費用}}{\text{各期の割引率}}$$

$$= -K_0 + \frac{B_1 - C_1}{1+r} + \frac{B_N - C_N}{(1+r)^N} = -K_0 + \sum_{t=1}^{N} \frac{B_t - C_t}{(1+r)^t} \quad \cdots\cdots (1)[5]$$

この式で求められたNPVにより，評価するプロジェクトを実行してもよいかどうかを判断する。

ここで，NPVによる政策（プロジェクト）評価は，そのプロジェクトについて「実行（採用）してもよい（実行可能である）」あるいは「実行（採用）

5　2期目以降の割引率が累乗になっているのは，前の期までの割引率が考慮されるからである。わかりにくければ，預金をしたときの1年目の金利を5％とすれば，2年目は「1年目に5％の利息がついた預金」にさらに5％つくので，これを式にすれば最初に預けた金額に1+0.05の2乗を乗じたものになる。

してはいけない（実行不可能である）」ことは判断できるが，「実行しなけれ
ばならない（すべき）」かを判断するものではないことに注意すべきである。
その基準は以下の3つである。

1) NPVが負の値でないこと。
2) 予算制約がある場合は，予算の範囲内かつNPVが正で最大であること。
3) 予算制約がなくプロジェクトが相互に排他的な場合は，NPVが正か
つ最大であること。

基準1）はいうまでもないが，NPVが負の値をとるということは費用の方
が大きいプロジェクトであり，将来にわたって負担を残すため採択すべきで
はない。2）は，予算に限りがある場合は，いくらよい案があっても予算オ
ーバーのものは採択できないということである。3）は，予算制約がない場
合の採択基準である。

では，基準の適応例について以下みていこう。

まずは，式（1）で計算した結果の解釈例である。ここでは，ある道路を
建設する例を考える。このプロジェクトは，期間が2年間，初期投資額1,000,
各期に予想される便益が600/年，各期に予想される費用が10/年である（説
明の都合上価格の単位を外しているが，単位はすべて同じとする），社会的
割引率が10％(0.1)であるとすれば，（1）式よりこのプロジェクトのNPVは，

$$NPV = -1,000 + \frac{600 - 10}{1 + 0.1} + \frac{600 - 10}{(1 + 0.1)^2} \cong 24$$

となる。このNPVは正の値をとるので，この道路プロジェクトは「実行し
てもよい（実行可能である）」ことになる（「実行すべきである」ではない）。

次に，表12-1の事例を用いてこの基準について，3つのプロジェクトA・
B・Cがある場合について確認する。ここではすべてのプロジェクトA・B・
Cは互いに排他的であると仮定する。

表12-1　NPVによるプロジェクト評価の事例

	NPV	費用
A	60	100
B	440	300
C	150	200

	NPV	費用
A＋B	500	400
A＋C	210	300
B＋C	590	500

注：表中のNPVは現在価値に換算されたものである。

　まず，プロジェクトA・B・Cがそれぞれ単独で行われる場合を考える。上の表からすべてのNPVは正であるから，基準1）は満たされている。予算の制約がない場合は基準3）が適用されるため（予算制約がないので「費用」は考えなくてよい），最も大きなNPVをとるBのプロジェクトが採択するには最も望ましいものとなる。

　ここで，予算制約があり，予算が400であったとする。各プロジェクトが単独で実行される場合，基準1）は全プロジェクト実行可能であることが確認されるので，基準2）を確認すると，すべて費用が予算の400を下回っているため，NPVが最大のプロジェクトBが採択するには最も望ましいものとなる。

　さらに，プロジェクトの組合せがある場合を考える（この場合，組み合わせたものもすべて排他的であると仮定する）。ここではすべての組み合わされたプロジェクトが正のNPVをとっているので基準1）は満たされている。予算制約がなければ，基準2）に従いNPVが最大の「B＋C」プロジェクトが採択するには最も望ましいものとなる。しかし，仮に予算制約があって，

表12-2　財務評価と経済評価の差が出る例（数値例）

プロジェクト	項目	0期 （実施直後）	1期	2期
A	①社会的便益	0	10	10
	②財務的費用	15	0	0
	③外部費用＊	5	5	5
	④経済学的費用 （②＋③）	20	5	5
B	⑤社会的便益	0	10	10
	⑥財務的費用	19	0	0
	⑦外部費用＊	0	0	0
	⑧経済学的費用 （⑥＋⑦）	19	0	0

注：表中の社会的便益，財務的費用，外部費用，経済学的費用はすべて現在価値に換算されたも
　　のである。

　その予算が先ほどと同様400であったとすれば，「B＋C」の費用は予算を超えていることから，いくらNPVが最大の値であっても実行することができない（実行してはならない）。そこで，予算内の残る2つのなかから，NPVが大きな値をとる「A＋B」が採択するには最も望ましいものとなる。

　最後に，NPVを用いて財務評価と経済評価を行う場合，2つの評価手法によって採択が望ましいプロジェクトに差が出るケースがあることを確認しておこう。ここでは，以下の表12-2の数値例に基づいて考えてみる。

　財務評価では，「社会的便益の和から財務的費用の和を減じたもの」についてプロジェクト間で比較を行う。上のA，B各プロジェクトについてそれぞれ確認すると，各プロジェクトの表の①と②（⑤と⑥）のみをみればよく，

AのNPV：　$NPV_A = ①の和 - ②の和 = (0 + 10 + 10) - (15 + 0 + 0) = 5$

BのNPV：　$NPV_B = ⑤の和 - ⑥の和 = (0 + 10 + 10) - (19 + 0 + 0) = 1$

となる。どちらも正の値をとるため実行可能であるが，ここではよりNPVの大きなAのプロジェクトを採用する方が望ましいという結果になる。

一方，経済評価では，「社会的便益の和から経済学的費用の和を減じたもの」についてプロジェクト間で比較を行う。したがって，ここで扱う経済学的費用は，表中の②（⑥）のみならず，外部費用である③（⑦）も考慮せねばならない（つまり②と③（⑥と⑦）の和である④（⑧）が経済学的費用になる）。上のA，B各プロジェクトについてそれぞれ確認すると，今度は各プロジェクトの表の①②③（⑤⑥⑦）をみることになり，

$$
\begin{aligned}
\text{AのNPV：} \quad \text{NPV}_A &= \text{①の和} - (\text{②の和} + \text{③の和}) \\
&= (0+10+10) - \{(15+0+0) + (5+5+5)\} \\
&= -10 \\
\text{BのNPV：} \quad \text{NPV}_B &= \text{⑤の和} - (\text{⑥の和} + \text{⑦の和}) \\
&= (0+10+10) - \{(19+0+0) + (0+0+0)\} \\
&= 1
\end{aligned}
$$

となる。ここで，プロジェクトAはNPVが負の値になっていることから採用することはできない。また，よりNPVの値の大きなプロジェクトを採用する方が望ましいという基準から，経済評価ではプロジェクトBを採用することが望ましいという結果になる。

② **便益費用比率**

　プロジェクト評価で最も用いられる手法がこの便益費用比率（以下B/C）である。B/Cによる評価では，評価するプロジェクトにおける将来の費用と便益を現在価値に割引いて（換算して），「便益の現在価値の総和」と「費用の現在価値の総和」の比率によって評価を行う。「財務的便益費用比率」であれば「便益」[6]を「財務的費用」で除したものであり，「経済学的便益費用比率」であれば「便益」を「経済学的費用」で除したものである。一般的な

6　正確には「財務的便益」あるいは「経済学的便益」と示すべきであろうが，ここでは理解を容易にするために「○○的」を外して表記している。

定義式は，あるt期に予想される便益をBt，そのt期に予想される費用を
Ct，社会的割引率をrとすれば，以下の（2）式で表される。

B/Cによるプロジェクト採択の基準であるが，上式で求めたB/Cが1を上

$$B/C = \frac{便益の現在価値総和}{費用の現在価値総和} = \left. \sum_{t=1}^{N} \frac{B_t}{(1+r)^t} \middle/ \sum_{t=1}^{N} \frac{C_t}{(1+r)^t} \right. \quad \cdots\cdots(2)$$

回る場合は「実行してもよい（実行可能である）」，1未満の場合は「実行し
てはいけない（実行不可能である）」とされている。ここでも，1以上の場
合「実行しなければならない（すべき）」とまでは言っていない（言えない）
ことには注意すべきである。

　では，（2）式で求めるB/Cを用いた政策評価の例を以下に示そう。ここ
では，表12-3に示される数値を用いてB/Cを求めるとともに，財務評価と経
済評価の結果が異なることがありうることを示しておく。

　財務的便益費用比率は，便益の和を財務的費用の和で除したもので求めら
れる（NPVとは違い割り算になる）。上のプロジェクトについて確認すると，
表の①と②のみをみればよく，

表12-3　B/Cの計算における数値例（単一プロジェクトの場合）

項目	0期（実施直後）	1期	2期
①社会的便益	0	25	25
②財務的費用	30	0	0
③外部費用＊	10	10	10
④経済学的費用（②＋③）	40	10	10

注：表中の社会的便益、財務的費用、外部費用、経済学的費用はすべて現在価値に換算されたも
　　のである。

財務的便益費用比率:　　B/C＝①の和÷②の和

$$= (0 + 25 + 25) \div (30 + 0 + 0)$$

$$= 5/3$$

となる。一方，経済学的便益費用比率は，便益の和を経済学的費用の和で除したもので求められる。今度は財務的B/Cと異なり，費用には社会的費用（ここでは外部費用の③）も考慮する必要があるので，

経済学的便益費用比率:　　B/C＝①の和÷（②の和＋③の和）

$$= (0 + 25 + 25) \div (30 + 10 + 0 + 10 + 0 + 10)$$

$$= 5/6$$

となる。この両者を比べると，財務的B/Cは1を超えていえるため財務的には「実行してもよい（実行可能である）」という判断になるが，経済学的B/Cは1未満であるから「実行してはいけない（実行不可能である）」ということになる。

（2）余剰分析の応用

①　余剰分析とは

　余剰分析とは，資源配分が効率的であるかを「余剰」を使い分析するものである。たとえば，社会全体にある資源がどのように生産者と消費者に配分されているのか，その配分は社会全体からみて効率的なのか，といったことを分析する。

　では，なぜ余剰分析の必要性があるのだろうか。経済学の初歩でも示されているが，経済社会の目的は資源配分の効率化である。このために，一定の資源の下で，人々の幸福（効用）水準が現状かそれ以上になっているのかを知ることは重要になる。とりわけ，（交通）政策を行うには，その把握が必

要となってくる。この検証を客観的に行えるのが余剰分析のメリットでもあるといえる。

②　3つの「余剰」概念について

「余剰」には，3つの種類がある。以下，図も使いながら説明したい。

1つ目は，消費者余剰（Consumer's Surplus：CS）である。これは，消費者が払ってもよいと考える価格と実際の支出額との差を積み上げたものである。消費者の欲求としては，交通サービスの場合，なるべく安く使いたい，つまり運賃（価格）は下がってほしいと考える。「払ってもよい」と考える人の金額（これを支払意思額という）が市場で決定される価格（市場価格：実際に支払う金額）よりも大きい場合，この人は市場価格との差を「得した」と考える。この「得した」分が「余剰」になる。

2つ目は，生産者余剰（Producer's Surplus：PS）である。これは，生産者が供給してよいと考える最低限の金額と実際の販売額との差を積み上げたものである。財・サービスを生産する側とすれば，なるべく利益を得たい，つまり運賃（価格）は高くしたいと考える。実際は安い価格で販売できるものの実際の販売額（市場価格）がその価格より高ければ，この企業は市場価格との差を「得した」と考える。この「得した」分が「余剰」になる。なお，ここまでの説明をみて理解できるように，消費者と生産者の目的が相反するため，消費者余剰と生産者余剰は対立（トレードオフ）の関係にある。

3つ目は総余剰（Total Surplus：TS）であり，これは消費者余剰と生産者余剰の和で求められる。総余剰は「社会全体の満足の量」といってもよい。

これらの余剰を図で示したものが図12-1である。

図中の三角形ABXが消費者余剰であり，需要曲線①上の価格は消費者が支払ってもよいと考える金額，その点における数量がその価格における需要量（わかりやすく，払ってもよいと考える消費者の数，と考えてもよい）になる。図中の三角形OBXが生産者余剰であり，供給曲線②上の価格は生産

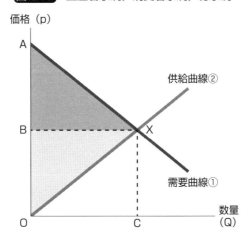

図12-1 生産者余剰，消費者余剰，総余剰

者がその価格であれば生産（供給）してもよいと考える金額，その点における数量がその価格における生産（供給）量（わかりやすく，払ってもよいと考える生産者の数，と考えてもよい）になる。そしてこの2つの和である三角形AXOが総余剰となる。

　なお，実際の余剰計測に当たっては，この需要曲線や供給曲線の定式化が難しいため，得られる収入からかかった費用を引いたもの，あるいは失う収入（負の値をとる）と節約できるコストの和をもって余剰と解釈することがある。そして，これが負になれば，経済損失が生まれていることになる。また，実際は費用に社会的費用，つまり公害対策コスト・調整費用など諸費用を考慮しないといけないことは注意が必要である。

③　余剰分析の政策評価への応用

　ここでは，規制を行った際，余剰がどのように変化し，その規制が社会的に望ましいのかを評価するという事例で，余剰分析の政策評価への応用についてみていく。

　数量・価格に関して何も規制がない場合が図12-1の状態である。需要と供

給が一致するところで市場価格と数量が決定し，余剰が決定する。このとき
の消費者余剰は，図の，BX と需要曲線①に囲まれた三角形 ABX の面積で
あり，その大きさは AB × BX ÷2で求められる。また，生産者余剰は，図の，
BX と供給曲線②に囲まれた三角形 OBX の面積であり，OB × BX ÷2で求め
られる。総余剰は，消費者余剰と生産者余剰の和である。

　ここで，価格規制により価格が K の水準に定められたとしよう（数量規制
により数量（生産量）が X に制限された場合も同じである）。この規制がか
かったときの影響を図12-1に書き加えたものが図12-2である。

　この規制がかかったとき，消費者の需要（消費）量は，価格 K における消
費者余剰は，三角形 ABK で示される部分になる。また，生産者余剰は台形
BDOK で示される部分になる。図12-1と比較すると，価格が上昇した分消費
者余剰は減少，生産者余剰は増加していることがわかる。ここで，どちらに
も該当しない三角形 BCD の部分が発生する。これは死重の損失（dead
weight loss，DWL：死荷重）と呼ばれるもので，社会全体からみたら損失
になるものである。このように，完全な市場競争状態に比べてこのような規

図12-2　**生産者余剰，消費者余剰，総余剰（規制がかかった場合の例）**

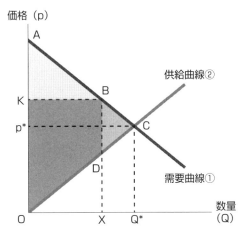

制は社会全体でみても損失を招き，社会的に好ましくない状態につながると判断することができる。ただし，これはあくまでも理論上の判断であり，実際には「市場の失敗」の調整などで規制が必要とされることはあるため，この判断が現実にそのまま応用されるわけではないことは注意すべきである。

　今挙げた例のように，余剰の考え方を用いた政策分析は有益なツールであるが，実際の余剰の測定については，このように需要曲線や供給曲線が容易に導き出せない場合があるため，消費者余剰は消費者へのメリットとなる価格の低下分を積み上げてこれに利用者増加分を乗じたものを，生産者余剰は効率性（費用）を分析してその結果から企業へのメリットとなる費用の低下分を推定してそれを積み上げたものを用いることがある。そして両者の和から総余剰を推定し，これを規制緩和の経済的効果として分析した研究もある。

第4節　政策評価・プロジェクト評価の課題

　以上のように，政策評価の方法とその実際例を説明してきたが，実際に政策評価を行ううえでは，いくつかの課題も存在する。

（1）費用と便益の計測に関しての問題

　ある政策にかかる「費用」「便益」を分析するに当たって，所得の多い人と少ない人では支払可能額が異なるため，負担に対する考え方，あるいは受益の影響も大きさが異なるのではないかという問題がある。これを考慮すべく，所得階層ごとに費用と便益計算したうえで，貧しい人へ利益が帰着するプロジェクトを優先するという政策評価を行うこともある。

　また，費用と便益の金銭換算の可能性についても課題がある。とりわけ，金銭換算ができないものの評価が問題になる。これについては，定量化できれば，金銭換算ができずともそれで評価することが望ましい。また，金銭評価できない場合について，すべての代替スキームについて非金銭的な費用と便益を提示・比較することで評価を行うことが望ましい。

（2）全体的な効果をどのように提示するか

　本書で扱う交通のプロジェクトでは，かなり長期間にわたるプロジェクトとなることがある。

　プロジェクト評価には，主に金銭的データを用い，これは毎年の（1年ずつ計上される）データを用いる。そういった金銭的データをみる場合，第3節で例示したような簡単な評価とならない場合がある。たとえば，最初に費用を払えばあとは費用が発生せず便益のみが出る，という簡単な流れではなく，最初数年は（純）費用が発生し，建設の進展で（純）便益が発生し，さらにプロジェクトの途中で費用が発生することも実際にはみられる。こういった場合は，最終的な評価をする，または全体的な効果を分析するに当たって，資本の機会費用（社会的割引率）で割り引き，基準年を設定してそこで評価することが望ましいとされる。

　なお，当然ながら非金銭的なデータも，それが便益や費用にかかるものであれば示すべきである（たとえば時間など）。その際は，順位づけシステムの活用や，主要な費用と便益を一覧表に掲示するなどの措置がなされる。こういった費用は，交通プロジェクトにおいては「一般化費用」としてこれらを導入している。一般化費用の説明は本書のレベルを超えるため，詳しい説明は参考文献（国土交通省鉄道局 2005，あるいは交通計画のテキスト）を参照されたい。

（3）実行可能基準

　これまでも述べたとおり，政策評価において，その政策が実行可能か否かを決める基準は，定量化されるものについては正の純現在価値があることであるとされる。ただ，評価で考慮するための指標のなかには，定量化されないものも存在する。これらについては，定量化されない便益が定量化されない費用を上回る場合には実行可能という判断がなされる。こういったときの基準として，NPVやIRRがメルクマールになる。

政策によっては，順位づけのための重みづけも必要である。これはとりわけ金銭的尺度で評価されない部分の考慮に必要である。そのうえで，定量化できる部分との多基準分析を行うことが望ましい。

（4）リスクの分担・考慮について

交通にかかるプロジェクトは長期にわたるものが多い。そのため，事業リスクは避けられないものであり，被害をなるべく最小限にすることが求められる。

たとえば，リスクの想定に当たって，期待値計算を活用し，不確実性のともなうものにリスク発生確率を導入して，被害が起きた場合の影響をあらかじめ考慮しておく方法がとられている。また，感度テストといわれる，不確実な事態が起こった場合の反応度を確認してリスクに備える方法もある。

ただ，リスクを過度に心配することはそれもリスクとなりうる。たとえば，ペナルティやマージンをかけ過ぎると，リスクが起きなかった場合に無駄が多くなってしまう。また，過度に心配するあまりさまざまなリスクを考慮すれば，リスク計算が複雑化してしまう問題もあるので，注意が必要である。

第13章

まちづくりと交通計画

Learning Points

・交通計画の考え方と計画プロセス。
・交通政策とまちづくりを連動させる「交通まちづくり」の概念。
・合意形成・意思決定の重要性。

Key Words

交通計画，需要予測，交通まちづくり，合意形成，住民参加

交通計画は，長く「将来交通量を予測し，それを円滑に処理できる交通網を計画し整備する」という考え方で策定され，実施されてきた。ただ，こうした考え方ではうまく交通問題を解決できないということが指摘されるようになり，近年では予測の段階で前提となっている土地利用や交通行動を含めて検討し，「予測して予防する」という考え方が主流になりつつある。

　本章では交通計画にかかわる基本的なプロセスに加え，こうした流れのなかで交通計画とまちづくりとのかかわりから進化を重ねている「交通まちづくり」の姿，そして近年の交通計画において重視されるプロセスである合意形成について紹介することとする。なお，ここでの内容は主に都市レベルの交通計画を念頭に置いているが，基本的な考え方はより広範囲にわたる交通計画でも同様である。

第1節　交通計画

（1）交通計画のプロセス

　交通は人間の生活に必要不可欠なものであり，したがって古くから自然発生的に多くの道路が作られ，使われてきた。また，都市間を結ぶ道路や海路は古くから時の為政者によって整備され，広範囲にわたる人的交流が促進されてきた。

　近年の交通計画はこうした歴史に立脚し，人口増加や自動車などの新たな交通手段の出現といった事象に対応するべく，理論的検討と実践に基づく試行錯誤が繰り返されてきている。

　交通に限らず一般的に，特定の政策目標を実現するための計画の策定手順は，概ね表13-1に示すとおりである。

　計画するために必要な情報を収集し，得られたデータに基づき現況の課題を整理して計画目標を設定する。ついでその目標を達成可能ないくつかの代替案を作り，それらによる状況の変化とその影響を予測して実現可能な代替

表13-1　計画策定プロセス

> 1 ）　計画情報の収集と診断
> 2 ）　計画フレーム設定（課題・目標）
> 3 ）　代替案の設定とそれによる影響の予測
> 4 ）　代替案の事前評価
> 5 ）　代替案の選択・決定と予算や日程の設定
> 6 ）　計画の運用
> 7 ）　計画の事後評価

出所：新谷（1993）p.73などをもとに筆者作成。

案を 1 つ選定する。そして具体的な予算やスケジュールの調整を行って実際に計画を運用したら，その後に事後評価を行う。そしてこの事後評価に基づいて計画の改訂が行われ，このプロセスが継続されることになる。

　計画理論において重要な位置を占めるのが，現況把握に必要な情報を収集するために行われる交通調査と，将来の交通量を予測するための分析である。

①　交通にかかわる調査

　交通計画を策定するために必要なデータは，人口，経済活動，土地利用等に関する基礎調査と，鉄道や道路，駐車場等の交通施設に関する調査，そして交通量および人や物の動きに関する調査を行うことで得られる。

　基礎調査は既存の数値や計画を整理するだけで済むことが多い。交通施設に関する調査は，事前に作成された資料をもとに行うが，必要に応じ，実際に現地で施設の立地状況を調べることもある。

　交通量にかかわる調査としては，まず 5 年おきに実施される道路交通センサス[1]がある。これは全国の自動車の動きを把握する調査で，自動車の 1 日

1　道路交通センサスの正式名称は「全国道路・街路交通情勢調査」である。直近では2020（令和 2 ）年度に実施予定だったものが新型コロナウィルス感染拡大の影響で延期され，2021（令和 3 ）年度に実施されて集計中である。そのため，集計データを利用できる最新の調査結果は2015（平成27）年度のものである。詳細は，http://www.mlit.go.jp/road/census/h27/ を参照。

の動きをアンケート調査で把握する道路交通起終点（OD）調査（自動車OD調査）と，主要道路の車線数・車道幅員・交差点数・歩道の有無等の現況を調べる道路状況調査，調査地点を通過する自動車の台数を計測する交通量調査，道路を走行する自動車の平均速度を調べる旅行速度調査（3調査をあわせて一般交通量調査）から構成される。

　また三大都市圏で5年おきに行われる，公共交通の利用実態を把握する調査として大都市交通センサス[2]がある。これは鉄道調査とバス調査から構成され，調査対象駅・対象バス路線等の利用客の目的地や利用区間を調査する利用者調査，駅や停留所間の流動量を調査するOD調査，対象路線の車両定員・車両編成・運行本数をもとに時間帯別の輸送力を調査する輸送サービス実態調査がそれぞれ実施される。また鉄道についてはこれに加えて，定期券の発売枚数を調べる定期券発売実績調査や乗換駅における乗換関連施設の整備状況や乗り換え時間等を調査する乗換え施設実態調査が行われる。

　人や物の動きに関する調査としては，パーソントリップ調査（PT調査）[3]や物資流動調査[4]がある。PT調査は人の1日の行動について，起終点・交通目的・利用交通手段等を追跡調査するものであり，調査の次のステップである需要予測において非常に重要な役割を果たす。また物資流動調査は物資の動きを把握するものであり，各種事業所や流通センター等のターミナルにおける調査や貨物自動車輸送の実態調査等が行われる。

　これらの定期的に行われる調査以外にも，計画の策定に先立ち計画策定主

体が独自に行う調査も存在する。こうした調査によって得られたデータを用いて，交通にかかわる現況の把握が行われるのである。

②　交通需要の予測手法

　これまで，人間の経済・社会活動の変化にともなって交通行動のあり方も大きく変化してきたが，基本的には移動需要は増加の一途であった。そのため，慢性化する交通渋滞や混雑を解消するための施設の拡充・改良が望まれてきた。そうした施設の計画を策定する際には，現況の正確な把握とそれに基づく将来の需要の予測を行い，その需要に見合った施設を整備するような計画とする必要がある。このため，交通計画のプロセスのなかで交通需要の将来予測は非常に重要な位置づけとなってきた。

　交通需要の予測手法はこれまで多くの提案がなされてきているが，現況を再現するモデルの構築における考え方が以下の3つの観点で大きく異なる。

1）集計型と非集計型

　調査によって把握された1人ひとりの交通行動を，たとえば市町村や町丁目といったゾーン単位で集計して，居住人口や産業別就業人口，自動車保有台数などの説明変数を用いて説明しようとするのが集計型モデルである。これに対し，個人個人の交通行動をそれぞれの年齢や運転免許の有無，目的地までの所要時間や費用などを考慮し，交通行動の意思決定プロセスを説明しようとするのが非集計型モデルである。

2）決定型と確率型

　トリップ回数や目的地，利用交通手段や経路などの交通行動の決定における選択可能性を確定的に説明し推定しようとするのが決定型モデルであり，これらを確率現象として捉えて推定するのが確率型モデルである。

3) 同時型と連鎖型

人の交通行動を同時的に推定するのが同時型モデルである。一方，交通行動をいくつかの段階に分け，前段階の結果をもとに次の段階を予測するのが連鎖型モデルである。

実務的には集計—決定—連鎖型のモデルを用いることが多く，一般に4段階推定法と呼ばれる。ただ，近年では非集計モデルの研究の進化にともない，非集計—確率—連鎖型のモデルが交通手段選択の分析などで用いられることが増えている。本書では4段階推定法の概略のみ紹介することとする[5]。

③　4段階推定法

交通計画における需要予測という課題に応える手法として，4段階推定法が1950年代に米国で開発された。これはパーソントリップ調査のデータを活用するものである。日本では1967（昭和42）年に広島都市圏で初めてパーソントリップ調査が実施され，4段階推定法を用いた予測を活用して都市交通計画が策定された。

4段階推定法では，以下の4つの段階に分けて順に将来交通需要を予測する。

1) 発生・集中交通量の推定

目標年次における都市圏全体の交通量（生成交通量）を予測し，それをもとにゾーン別の発生交通量（そのゾーンを出発する交通行動）と集中交通量（そのゾーンに到着する交通行動）を予測するプロセスである。

生成交通量は現況における属性別のトリップ数を原単位とし，これに将来の属性別人口を乗じて推定する。属性は性別，年齢別，免許有無別，就業有無別，産業分類別など目的や実態に応じてさまざまな設定方法がある。さら

5　需要予測手法の詳細に関心がある場合は，樗木・井上（1993）あるいは新谷（1993）を参照されたい。

には交通目的別に交通量を推定することもある。

こうした方法で求められた都市圏全体の将来交通量をもとに，原単位法，クロス集計法，重回帰モデル法といった手法を用いてゾーン別の発生・集中交通量を推定する。

2）分布交通量の推定

次は，各ゾーンに発生（集中）する交通がどのゾーンに集中（発生）するかを明らかにする分布交通量推定のプロセスである。表13-2に示される将来OD表は，各ゾーンから各ゾーンへどれほどのトリップが発生するかがわかるというものである。このプロセスでは，ルールに則ってこの将来OD表の空いたマスを埋める作業を行う。

用いられる手法は現在パターン法とモデル法に大別される。現在パターン法は，現況におけるODパターンが将来も変わらないと仮定し，ゾーンごとの発生・集中交通量の変化率を考慮して将来OD表を推定するものであり，平均成長率法やフレーター法といった手法がある。またモデル法にはグラビティモデル，オポチュニティモデル，介在機会モデルといった手法が存在する。そのなかでもよく用いられるのはグラビティモデルであり，これは各ゾーン間のトリップ数はその発生・集中量に比例し，ゾーン間の距離に反比例するという考え方に基づく方法である。

表13-2 将来OD表の例

到着ゾーン

		A	B	C	発生
出発ゾーン	A	50	70	30	150
	B	40	80	10	130
	C	30	60	20	110
	集中	120	210	60	390

注：たとえば、AゾーンからBゾーンに移動するトリップは70である。
出所：筆者作成。

3) 分担交通量の推定

各ODペアの交通量が推定できたら，次にその交通がどの交通手段を利用するかを推定する。これが分担交通量，すなわち交通手段別分担交通量の推定である。

交通手段分担率には，ゾーン間の所要時間や費用といったサービス変数や免許保有，自動車保有，年齢，就業形態などの個人属性，そして人口密度や都心からの距離といったゾーンの特性が影響することが知られている。利用可能な交通手段が複数存在する場合には，こうした属性や変数全般を用いてモデルを作成するトリップインターチェンジモデルを適用する。このトリップインターチェンジモデルには，分担率曲線や集計ロジットモデル，犠牲量モデルといった手法が存在する。

一方，地形的な制約や公共交通機関が存在しないなどの理由で，交通手段がほぼ限定される場合には，トリップエンドモデルと呼ばれるモデルを適用する。これは分布交通量の推定の前に分担交通量を推定する方法であり，各ゾーンの特性が分担率に大きく影響することを前提としている。

トリップインターチェンジモデルとトリップエンドモデルとを比べると，当初は後者を用いた推定が多く行われていたものの，人間の交通手段選択行動は住んでいる場所で決めるのではなく，選択可能な交通手段のなかから各個人がそれぞれにとって最も効率的なものを選ぶというのが自然であり，そのため近年では前者を用いることが多くなっている。

4) 配分交通量の推定

分担交通量の配分が行われた段階で，交通機関別OD表ができあがる。4段階推定の最後の段階である配分交通量の推定では，これらのODを交通ネットワークに割り当てることとなる。この段階で初めて，各々の道路や鉄道といった交通ネットワークにおける将来交通量が推定され，施設の整備や改良によるインパクトがどれくらいのものになるかが判明する。代替案の選定や施設の規模の決定などに欠かせないプロセスである。

　配分計算の方法は多様だが，大きく需要配分，実際配分，最適配分の3種に分けられる。需要配分は最短経路にすべての交通量を配分する方法で，道路や鉄道の容量（物理的に移動可能な交通量）を考慮しない。混雑や渋滞が発生しない状況を想定して，潜在的な交通需要を測る際に有用とされる。実際配分は交通容量を考慮して実際の交通量に近い配分を実現しようとする方法であり，交通量が増えると速度が落ちるという道路の特性をQ-V曲線と呼ばれる数式で明示し，交通量と速度の計算を繰り返すものである。最適配分は利用者最適（各利用者の移動時間が等しくなるよう配分）とシステム最適（総移動時間を最小にするよう配分）といった考え方があり，理論的に明快であるため実用される機会が多くなっている。

（2）交通計画のパラダイムシフト

　前項で紹介した交通調査や需要予測の手法は，交通計画において現在でも重要な位置を占めている。特に需要予測については科学的根拠の明快な方法を用いて行われており，社会的な必要性が大きかったこともあって有効に機能する局面が多かった。

　しかしこうした交通計画を実際に進めるに当たっては，ともすれば目先の交通問題の解決が優先され，長期的な交通のあり方について検討する際には十分に役割を発揮できないことも少なくなかった。渋滞や混雑を緩和すべく予測に基づいて施設整備計画を策定しても，供用開始すると想定以上の混雑が発生してしまったり，逆に予測では十分な交通量が見込めると判断して建設された交通施設が，実際にはあまり使われないといった事例もいくつも出現している。

　こうしたことが起こるのは，「予測して供給する」という交通計画の考え方そのものが原因である。このアプローチでは，土地利用などの交通ネットワークの埒外（らちがい）にあるものや人間の交通行動の規範などを計画の前提条件とするが，それが故に，望ましい都市構造のあり方や交通行動を想定することができず，いってみれば人間の欲求を際限なく実現しようとするプロセスとな

ってしまう。

　そのため，交通の現況把握や将来予測が重要なプロセスであることは間違いないが，単に交通にかかわる問題を解決しようとするのではなく，予測をもとに将来起きうる交通問題を予防するために必要なことを行う計画を作る，いわば「予測して予防する」アプローチへと発想を転換しなければならないという考え方が近年では主流となりつつある。交通需要マネジメント（TDM，注7を参照）や成長管理といった考え方はこうしたアプローチに基づく手法だが，これらはすでに1990年代にはわが国でも導入が始まっている。しかし，こうした交通計画のアプローチを実現するには発想の転換が必要である。特にわが国では研究者がこのような考え方を提唱してもなかなか定着しない時期が続いていた。こうした状況下，まちづくりに貢献する交通計画を指す「交通まちづくり」という考え方が少しずつ普及しつつある。

第2節　交通まちづくりの考え方

（1）交通まちづくりの概念

　交通まちづくりとは交通とまちづくりを一体的に進めることであり，目先の交通問題の対応にとらわれず，暮らしやすいまちの実現に向けて何ができるかを考えて交通問題を解決していくアプローチ方法である。

　この考え方に基づくと，従来の考え方ではあまりみえてこなかった交通の役割が鮮明になる。つまり，通勤や通学，買い物，通院といった1つひとつの交通行動を便利にすることが重要なのではなく，それらの交通行動によって実現される1日の生活をより豊かにするということが交通の本来の大きな役割なのである。

　したがって交通まちづくりの考え方に基づくと，渋滞や混雑を緩和するという従来の交通計画の目標は，それ自体は目標ではなくより大きな目標を達成するための手段である。何らかの方法で交通がよりスムーズになると，生

表13-3　交通まちづくりのプロセス

1)　まちづくりのビジョン構築
2)　政策目標の設定
3)　現況の把握
4)　解決のための戦略の構築
5)　戦略の実施

出所：原田（2015）をもとに筆者作成。

活はどう変わるのだろうか。そこに踏み込むのが交通まちづくりの特徴といえよう。

　したがって，交通まちづくりのプロセスは表13-3のようなものとなる。

　これを先に示した交通計画の一般的なプロセスと比較すると，目標設定の前にまちづくり全体のビジョン構築が入っているのが目につく。これは目先の交通問題への対応だけをしていると，その交通問題に直接かかわりのある人以外は問題に関心を持たず，結果的に対応策への賛同があまり得られないままに施策を進めることになってしまうためである。

　以下，交通まちづくりにおける主要な論点について3点紹介する。

①　まちづくりのビジョン構築

　まちづくりの将来ビジョンは，それぞれのまちの特性に応じ特徴を活かし，住民の参加をともなうプロセスを踏んで構築していく。交通まちづくりにおいては，従来の自動車を中心とした交通計画からの脱却を目指すこととなる。

　これは，自動車移動の需要に追随し，新たに道路その他のハード整備をすることで渋滞緩和を実現させようとする従来の方法では，実際には渋滞をなくすことはできないためである。道路が改良されると，それまでは混雑がひどいので自動車利用を我慢していた人たちが自動車を使うようになり，結局それまでと変わらない渋滞が起きてしまう。こうした現象はどこでもよくみられ，「誘発交通」などとも呼ばれている。自動車を優先する考え方のもとでこの誘発交通問題を解決しようとすると，大量の道路と駐車場が必要にな

り非現実的である。

　そうではなく，より実効性のある問題解決を目指すならば，たとえば渋滞のひどい中心部では自動車の走行を禁止し，その周辺に駐車場を設置するというような施策が考えられる。ただ，こうした施策を実現させるためには中心部の居住者や商店主の理解が不可欠であり，さらには多くの住民が中心部に魅力を感じ，多くの来訪者が自動車以外の交通手段で訪れるような状況にすることが必要である。そうした状況を実現させるためには，交通問題への対応だけを呼びかけても効果が薄いことは自明で，交通の改善によって実現させようとする住民の利益をわかりやすく示さねばならない。

　上述した交通まちづくりのプロセスでは需要予測を明示的に示す段階はなかったが，需要予測の結果は，たとえばこのために用いることができる。自動車通行禁止区域を設定することで周辺にどのような影響があるかを予測することは現在の技術で十分可能であり，そうした予測の結果が住民に広く示されて理解が進めば，こうした施策を行ってもよいという機運が生まれると考えられる。ハード整備のために用いる予測ではないので，行政支出も大きなものにはならないから，一般の理解は得やすいはずである。

　こうしたプロセスが順調に進むためには，まちづくりのビジョン自体の完成度が高く，多くの住民が納得できるものでなければならない。ビジョン構築に住民参加が必要なのはそうした理由である。

　なおビジョン構築に限らず交通まちづくりにおけるこれらの一連のプロセスは，いずれも住民の参加のもとで行われることが重要である。

②　コンパクトシティ

　近年のまちづくりのビジョン構築についてはわが国にも多くの実例がある。これらの多くは既存の都市計画制度にある都市計画マスタープランの形式でとりまとめられているが，交通計画マスタープラン，交通戦略などと称される交通についてのビジョンが明示的に示されているものは少ない。そうしたなか，金沢市や富山市，宇都宮市，熊本市といった，交通の将来像を明確に

打ち出している都市のビジョンをみると，いずれも中心市街地と周辺の地域拠点とを公共交通で結ぶネットワークを実現させようとしている。

　こうした，都市内にいくつかの拠点を位置づけ，それらを幹線的な公共交通でつなぎ，各拠点において鉄道駅やバス停等を中心とした公共交通志向型開発[6]を進めて拠点連携型のコンパクトなまちを構築するような考え方をコンパクトシティ（Compact City）と呼ぶ。

　このコンパクトシティの考え方は，近年多くの支持を集めている。それは，人口減少局面における都市は，かつての人口が多かった時代にあわせた都市サービスを供給する状態を続けていると，やがて税収が減りサービスが維持できなくなって破たんしてしまうことが見込まれるためである。これを防ぎつつ住民1人ひとりのサービス・レベルを維持するアイデアとしては，サービスを縮小し拠点中心にコンパクトにまとめ，その周辺に居住地をまとめるという考え方がきわめて有効である。

　土地利用を変化させるために交通計画を活用するという意味で，このコンパクトシティの考え方は土地利用計画と交通計画の融合を促す意味合いがある。道路整備を進めてまちのどこにでも自動車で行くことのできるまちではなく，拠点近くに居住し，サービス・レベルの高い公共交通を利用して拠点間を移動できるようなまちを目指し，幹線道路沿いでなく鉄道，幹線バス，LRTやBRTの沿道に魅力的な施設が立地するよう誘導するのである。

③　交通需要の管理

　先述したように，交通まちづくりという概念の出現以前から，増え続ける交通需要に対応するには施設整備だけでは対応できないという認識は広まっていた。そのため，効率的な自動車の利用や交通手段の転換などを通じて1人ひとりの交通行動の変更を促して，交通混雑を緩和していく施策が少しず

6　公共交通志向型開発はTransit Oriented Development（TOD）の訳語。米国の都市計画学者Peter Calthorpe（ピーター・カルソープ）が提唱。

つ実施されてきている。これらを総称して交通需要マネジメント[7]と呼び，主に以下のような取組みがある。

1）手段変更

　自動車の利用機会や移動距離を減らし，公共交通機関や自転車等の利用を促す。鉄道駅やバス停等の交通結節点の周辺に駐車場を設置し，自動車から公共交通機関への乗り換えを促す「パークアンドライド」「パークアンドバスライド」は多くの適用事例がある。また案内情報の充実や利用しやすい車両・施設の導入を通じた公共交通機関自体の利便性向上策も継続的に行われている。自転車の走行空間や駐輪施設の整備による自転車利用の環境整備も有効である。

2）時間帯変更

　朝夕のピーク時間帯の交通をピーク時間帯以外に移し，交通需要の時間的な平準化を図る。時差出勤やフレックスタイム制度の採用，物流におけるジャストインタイムや商習慣[8]の見直しといったソフト対策が行われているが，円滑な業務遂行の妨げになる場合もあり，導入に慎重な事業所も少なくない。

3）経路変更

　渋滞・混雑の発生している経路における交通を他の経路に分散させることで，交通需要の空間的な平準化を図る。渋滞情報や駐車情報の提供，交通管制の高度化等が実施されている。

4）自動車の効率的利用

　自動車の乗車率，貨物車の積載率を高めて効率化を図る。施策としては相

7　Transport Demand Managementの頭文字をとってTDMとも呼ばれる。
8　たとえば，いわゆる五十日（一の位が5あるいは0の日および月末日）に決済を行う習慣などが挙げられる。

乗りやカーシェアリングといった自動車の共同利用，複数事業者による共同輸送・配送等が挙げられる。

5）交通量の削減

交通需要の発生量を抑制する。在宅勤務，職住近接，ノーマイカーデーといった取組みが挙げられる。また海外ではナンバープレート規制[9]，ロードプライシング[10]，炭素税[11]といった施策の導入事例があり，いずれも自動車交通量の削減について一定の成果を挙げている。

TDMの考え方のもとでは，これらの施策を組み合わせることで交通需要の抑制を図っている。こうした交通需要の抑制施策と，これまで行われてきた道路や公共交通の整備による供給量の拡大とをセットにして，交通状況の改善を目指していくこととなる。こうした施策を効果的なものにするには，前述の交通まちづくりの考え方を活用することが不可欠である。

なお同種の概念として，モビリティ・マネジメント[12]という考え方もある。これは「渋滞や環境，あるいは個人の健康等の問題に配慮して，過度に自動車に頼る状態から公共交通や自転車などを『かしこく』使う方向へと自発的に転換することを促す，一般の人々やさまざまな組織・地域を対象としたコミュニケーションを中心とした持続的な一連の取り組み」を意味する。都市圏全体を対象に行う大規模MMのほかにも，自動車以外での通勤を促す職場MM，公共交通で移動する機会の少ない児童・生徒を主な対象とした学校教育MMなどさまざまな取組みが進められている。

9　ナンバープレートの番号によって走行してはいけない日を設ける規制。
10　都心に流入する自動車に課金する規制。
11　石油の消費に対して課税するもの。
12　Mobility Managementの頭文字をとってMMとも呼ばれる。定義は日本モビリティ・マネジメント学会によるものである（藤井・谷口 2008）。

（2）まちに賑わいをもたらす方法

　交通まちづくりの考え方のもとでは，問題を解決し政策目標を実現させるための戦略を構築し実行する必要がある。これは単純に道路整備や鉄道整備をするだけではなく，前述したようなさまざまな施策を組み合わせる必要がある。場合によっては，道路や駐車場等の容量を減らすことも含め，幅広く検討することが求められる。

　ここでは交通まちづくりにおける戦略のうち，都心の活性化に資するものに絞って手法の紹介をすることとしたい。

①　道路空間の再配分

　交通渋滞の緩和を最優先課題と考えてしまうと，道路空間をできるかぎり車道に割き，車線数を増やして交通容量を増やそうとしてしまう。しかし，それでは渋滞は減らず，自動車にとってだけでなく，歩行者や自転車など他の交通手段の利用者にとっても快適でない道路空間となってしまう。

　そのため，特に都心部が目的地でない自動車についてはバイパス道路を建設してそちらを走ってもらうようにするとともに，都心の道路の車線を減らして歩道や自転車道を拡幅するような取組みが特に海外の多くの都市で進められている。渋滞の原因がある程度でも取り除ければ，自動車に埋め尽くされていた車道を開放して人間が自由に歩けるようにすることができ，大気汚染や騒音なども減って快適な空間が生まれる。空きスペースは交通目的だけでなくオープンカフェ（写真13-1）など商業施設を立地させてより豊かな都心環境を実現させることも可能になる。

写真13-1　フランス・アンジェの広場の
　　　　　 オープンカフェ

② トランジットモール

こうした取組みをさらに進め，都心の一部の道路では自動車の進入を原則として禁止し，バスや路面電車などの公共交通のみ走行可能にするといった取組みもある。こうした道路のことをわが国ではトランジットモールと呼んでいる。海外の典型的なトランジットモールでは歩行者に交じって路面電車が通行しており，郊外から電車に乗って直接都心部に行くことができるうえ，地下鉄などと異なり上下方向の移動をほとんどせずに目的地に着くことができる（写真13-2）。

自動車交通量が多いと安全面その他の問題が発生するが，こうした取組みによって安全・安心な道路が実現するので，トランジットモールは都心環境を改善する目的で導入される事例が多い。

写真13-2　フランス・ストラスブールの
　　　　　トランジットモール

③ 都心部駐車マネジメントとカーフリー政策

この取組みをより進化させると，都心全域を自動車進入禁止とするカーフリー政策に辿り着く。実際に，居住者の車両など一部の許可を受けた自動車を除き都心部の道路で自動車の通行を禁止している都市は特にヨーロッパに多い。これによって都心部全体が，いってみれば巨大なショッピングモールのような空間となる（写真13-3）。

これを実現させるためには，都心に自動車でアクセスしたい住民への対応を適切に行う必要がある。そのための手段として，前述のパークアンドライドと都心部における駐車マネジメントを組み合わせて実施することが有効である。パークアンドライド（写真13-4）は，路面電車やバス停留所の近くに駐車場を設置してそこから公共交通機関を利用してもらう施策だが，こうし

た駐車場を大規模に整備して広く周知し，都心に行くなら郊外の主要駅まで自動車で行ってそこで鉄道，路面電車やバスに乗り換えればよいということを，多くの住民が理解することが重要である。その際，都心の駐車場の数は減らし，しかも料金を高くするなどして，自動車で都心に直接行くよりも途中で乗り換えた方が費用が安く済むような状況を生み出す必要がある。

　住民の多くは，多くの人が都心に自動車で行くと混雑するとわかっていても，それが住民自身にとって最もリーズナブルと判断できるのであれば自動車を利用してしまうものである。そのため，政策的に自動車を利用すると費用が高くなる構造を作れば自然に公共交通あるいは自転車等で移動する人が増加する。そのため，公共交通の側でも複数人数がまとまって移動する場合には大きく割り引くチケットを導入するような事例がいくつも存在する。家族や友人どうしで移動する場合，自動車の方がコストが安くなるのは当然だが，そうした複数人数での自動車利用でも都心に来る手段としては避けてほしいという状況の場合には，そうしたことも行う必要があるということである。

　したがって少なくとも海外の多くの都市では，都心の駐車場の位置，数，料金等は行政側で管理している場合が少なくない。これは，駐車を管理することが交通政策における重要な役割を占めているということを示している。わが国の状況はこうした海外事例と比べるとやや遅れていると言わざるを得ない。

写真13-3　フランス・ストラスブールの自動車の
　　　　　進入を制限するオートマチックボラード

写真13-4　フランス・ストラスブールの
　　　　　Ｐ＆Ｒ駐車場

④　LRT（Light Rail Transit）

　上記のような政策を進めるに当たっては，郊外から都心にスムースに移動でき，かつ整備費も運営費もリーズナブルな公共交通機関が必要不可欠である。こうしたニーズに応えられるのはやはり軌道系の交通機関だが，鉄道は一般に整備費がかなり高く，また施設の規模が大きく気軽に利用できない場合も少なくない。

　そこで，近年とくに海外の多くの都市で導入が相次いでいるのがLRT（写真13-5）である[13]。低床式車両（LRV）の活用や軌道・電停の改良による乗降の容易性，定時性，速達性，快適性などの面で優れた特徴を有する次世代の軌道系交通システムと定義されている。

　わが国ではLRTというとどうしても，低床で乗り降りしやすく定員も多い新型の路面電車車両を指すように思われることが多いが，実際には車両の改善にとどまらず，専用軌道や優先信号の導入で移動スピードを高め，乗降の際に1人ひとり運賃を支払うのでなく信用乗車制を取り入れて鉄道と同様の乗降方式として時間短縮を図るなどのさまざまな施策の組合せで，利便性を追求したシステム全体をLRTという。高速でかつ快適な公共交通機関を実現させることで，初めて，自動車と対抗できる交通手段となるということを理解する必要がある。

　したがって，バスであってももちろんLRTと同様のサービスを実現させることは可能である。バス専用レーンや連節バスなどを活用して速度を向上させ

写真13-5　フランス・オルレアンのLRT

13　国土交通省による邦訳は「次世代型路面電車システム」である（http://www.mlit.go.jp/road/sisaku/lrt/lrt_index.html）。

乗車定員を増やし，大幅にサービスレベルを向上させたバスのことをBRT[14]
と呼び，これも海外を中心に多くの導入事例がある。

このような交通側からの取組みによって，都心に多くの人が集まっても渋
滞が発生せず賑わいのある快適な空間を実現することができるようになるの
である。もちろん，都心に賑わいをもたらすには交通だけではなく魅力的な
店舗や施設を立地させ維持する努力も不可欠であり，そうした取組みは商業
政策や土地利用計画の観点から有効な戦略を打ち出し実施していく必要があ
る。交通政策はこうした戦略と連携して行うことで大きな効果を発揮するこ
とができる。

（3）合意形成の方法

先述したように，交通まちづくりにおける一連のプロセスは住民の参加の
もとで行われることが重要である。わが国でも，交通インフラの整備に当た
って情報公開や意見聴取が重要であるということは以前から指摘されており，
都市計画や環境影響の評価など制度的な裏づけのあるプロセスも存在するが，
少なくない計画において制度が形骸化し，住民が計画についての情報をほと
んど知らないまま手続きが進行してしまっている実態がある。

成田国際空港や東京外環自動車道の例を挙げるまでもなく，戦後のわが国
におけるインフラ整備では，環境や生活への影響が大きいために地元の理解
が十分に得られないことが多く，そのために計画プロセスが遅延する傾向が
あった。

為政者がトップダウンで意思決定し，住民はそれに従うしかないという社
会も存在するが，民主的な手続きが普及した先進国においてそうした意思決
定プロセスは馴染まない。交通計画のような利害関係者が多数に及ぶプロセ
スでは，住民が早い段階から深くかかわることが必要である。

住民参加には5つの段階があるとされる。表13-4は，この5段階を参加レ

14　Bus Rapid Transit。わが国ではバス高速輸送システムとも称される。

表13-4　住民参加の5段階

1）　情報提供
2）　意見聴取
3）　形だけの応答
4）　意味ある応答
5）　パートナーシップ

出所：原科（2005）p.33。

ベルの低い方から順に示したものである。4段階目の「意味ある応答」までは，行政側に計画の責任があり，最終的な意思決定も行政が行うものであるが，5段階目の「パートナーシップ」は行政と住民の協働であり住民にも責任が生じる。そのため一般には計画プロセスにおける住民参加は4段階目の実現を目指すものとなる。

　必要な情報が適切に提供されるのが1段階目の「情報提供」，その情報をもとに住民から「意見を聴取」して計画策定の参考にするのが2段階目の意見聴取である。3段階目や4段階目にみられる行政側からの応答を実現することも簡単ではないが，1段階目や2段階目の実現も実際には難しい。行政側は適切に情報を提供し意見を求めているつもりでも，そうした努力が住民に伝わっていないことは多々ある。たとえば，都市計画決定に際しては，案の広告縦覧が義務づけられており，住民はそれに対する意見を出すことが可能であるが，実際にこうしたプロセスに参加する住民はごく少数である。

　欧米ではこうした実態に対応すべく，パブリック・インボルブメント[15]と称される合意形成手法が1980年代から導入されており，わが国でも道路整備を中心に近年多くの適用事例がある。

　PIにおいて重要なのは，計画プロセスの早い段階，たとえばインフラ整備を含むような計画についてはそのインフラの詳細な立地場所の決定前といったきわめて早期の段階から計画情報を公開して住民との対話を行うことで

15　Public Involvement。PIと略される。

ある。住民からすると，自分たちに事前の説明もなく突然に大きな計画案が公表され，場合によっては土地収用や立ち退きを迫られてしまうようでは，その計画案を受け入れることはできない。したがって，パンフレットの作成・配布，説明会や公聴会の実施，環境影響等の事前の予測と評価といったことを行政側は漏れなく行っていくことが有効である。その際，住民意見を取り入れて実際に計画変更することが可能な状態で住民とやりとりをすることが不可欠である。"上"から説明し納得させるプロセスではなく，情報を共有しともによい計画案を作る努力をするプロセスであるという理解が求められる。

交通まちづくりはこの考え方に則って行われるので，たとえば札幌市では都心交通計画の策定に当たり，市民1,000人の参加を目指したワークショップ[16]が2003年に開催されており，その際に市民から出た意見は計画策定のために有効に活用されている。こうした考え方はこれからの交通計画に欠かせないものと考えられるので，将来的に策定プロセスのなかで必ず実施しなければならない制度として確立させていくことが望まれる。

地域公共交通計画[17]を策定する自治体が増えているなか，近年ではこうしたワークショップをプロセスに取り入れる事例が増加しており，住民参加が広く普及しつつあるといえる。ただ，当時の札幌で実際には1,000人集まらなかったように，住民参加についての住民自身の理解はまだ十分でなく，ワークショップ参加者を集めるのに苦労する事例もみられる。自ら政策に関心をもちプロセスに参加する住民を増やすことが今後の課題といえる。

第3節　これからの交通計画の課題

本章では，交通計画の基本的なプロセスと発想の転換による近年の変化に

16　札幌市における1,000人ワークショップの詳細については，https://www.city.sapporo.jp/kikaku/downtown/forum/1,000ws.htmlを参照。

17　地域公共交通計画は，地域公共交通の活性化及び再生に関する法律（地域公共交通活性化再生法）が2020年に改正・施行された際，その策定が地方公共団体の努力義務となった。

ついて紹介してきた。最後に，これからの交通計画が乗り越えなければならない2つの課題について説明したい。

（1）財源問題

　交通計画の実施に必要な費用は，本来ならばその交通計画の対象となる地域全体で負担することが望ましい。しかし実際には，その影響が特定地域内に収まるような計画をもとにした事業であっても，国からの支援を受けて実施されることが少なくない。またわが国では，交通手段によって使える資金額が大きく異なる。たとえば道路整備には比較的財源に余裕がある一方で，鉄道整備の財源は道路と比べるとはるかに少額である。こうした受益と負担の関係の歪みや整備規模の違いは，さまざまな面で不公平をもたらすので，極力公平な状況を目指すことが大切である。

　しかし，各市町村が交通計画を策定し実施しようとしても，現在のわが国では必要な資金を自力で調達することはできない。地域全体に有益な影響をもたらす交通インフラの整備を行うための資金が不足する場合，地方分権化の進んだ海外では地方議会で承認されれば増税して税収を増やすことができるのだが，今のわが国ではそうした手段が行政側に準備されていないのが現実である。そのために，長期間にわたり計画が実現せず計画案が「絵に描いた餅」になってしまうわけだが，それでは計画を策定する意味が半減してしまう。

　そうした現実を踏まえると，これからのわが国の交通計画の策定・実施に当たっては，計画案自体や必要な費用の金額が妥当かどうかの議論を行ったうえで，地方自身の判断で資金調達ができる選択肢を準備することが求められているといえる。もちろんその選択肢は増税だけに限らない。各交通手段における料金の徴収方法や料金水準の設定についても検討すべきであろう。

（2）人材問題

　もう1つの問題として人材育成等が挙げられる。わが国の交通政策は長ら

く国と事業者が主体的に実施しており，特に地方自治体の役割は大きくなかった。しかし，ここまでみてきたようにこれからの時代には交通計画を行政側が住民ニーズを汲みつつ策定し，それを円滑に実施していくことが何より重要であり，そのためには地方に専門知識を持った人材を増やさなければならない。

　ところが，交通計画についてはまだ社会的にその重要性が十分認識されておらず，専門性を測る資格なども理科系の大学出身者中心で，まだ広く根づいたとはいえないのが現実である。交通についての基礎知識を身につけた人材が，1人でも多く実務の場面で活躍できるような制度整備が望まれている。

参 考 文 献

〔1章〕

衛藤卓也（2005）『交通経済論の展開』千倉書房。

衛藤卓也監修，根本敏則・後藤孝夫・大井尚司編著（2015）『現代交通問題考』成山堂書店。

岡野行秀編（1996）『交通の経済学』（初版第23刷）有斐閣。

金本良嗣・山内弘隆編著（1995）『交通―講座・公的規制と産業④―』NTT出版。

環境省編（2016）『環境白書―平成28年版―』日経印刷。

国土交通省編（2016）『国土交通白書2016―平成27年度年次報告―』日経印刷。

斎藤峻彦（1991）『交通市場政策の構造』中央経済社。

竹内健蔵（2008）『交通経済学入門』有斐閣。

日本交通学会編（2011）『交通経済ハンドブック』白桃書房。

前田義信（1988）『交通経済要論（改訂版）』晃洋書房。

山内弘隆・竹内健蔵（2002）『交通経済学』有斐閣。

〔2章〕

国土交通省（2012）『平成24年度　国土交通白書』。

国土交通省（2018）『交通関連統計資料集』http://www.mlit.go.jp/statistics/kotsusiryo.html（2018年 2 月12日アクセス）。

国土交通省（2020）『交通関連統計資料集』https://www.mlit.go.jp/k-toukei/kotsukanrensiryo.html（2023年 2 月 9 日アクセス）。

国土交通省（2022a）『令和4年版交通政策白書』https://www.mlit.go.jp/sogoseisaku/transport/sosei_transport_fr_000129.html（2022年11月23日アクセス）。

国土交通省（2022b）『鉄道輸送統計調査（2021（令和 3 ）年度分）』https://www.e-stat.go.jp/stat- search/files?tclass＝000001007293&cycle＝8＆year＝20211（2023年 3 月 9 日アクセス）。

国土交通省海事局内航課（2022）『旅客輸送実績』https://www.mlit.go.jp/common/001211650.pdf（2023年 3 月 9 日アクセス）。

国土交通省鉄道局（2012）『鉄道プロジェクトの評価手法マニュアル（2012年改訂版）』https://www.mlit.go.jp/common/000224631.pdf（2022年11月23日アクセス）。

日本バス協会（2012）『日本のバス事業2012』。

日本バス協会（2017）『日本のバス事業2016』。

日本バス協会（2022）『日本のバス事業2021』。

福岡空港構想・施設計画検討協議会（2012）『福岡空港滑走路増設　PIレポート　構想・施設計画段階【詳細版】』https://www.pa.qsr.mlit.go.jp/fap/pdf/PIreposyosai.pdf（2018年 2 月12日アクセス）。

〔3章〕

芦谷政浩（2009）『ミクロ経済学』有斐閣。

岩田規久男（1993）『ゼミナール・ミクロ経済学入門』日本経済新聞社。

菊澤研宗（2016）『組織の経済学入門―新制度派経済学アプローチ―（改訂版）』有斐閣。

堀雅通（2000）『現代欧州の交通政策と鉄道改革―上下分離とオープンアクセス―』税務経理協会。

丸山雅祥（2011）『経営の経済学（新版）』有斐閣。

竹内健蔵（2008）『交通経済学入門』有斐閣。

中山徳良（2011）「交通の費用特性」『交通経済ハンドブック』No.0301, pp.52-53。

Goolsbee, A., S.D. Levitt and C. Syverson（2013）*Microeconomics*, Worth Publishers.（安田洋祐監訳，高遠裕子訳（2017）『レヴィット ミクロ経済学 基礎編』東洋経済新報社）。

〔4章〕

岩田規久男（1993）『ゼミナール・ミクロ経済学入門』日本経済新聞社。

衛藤卓也（2005）『交通経済論の展開』千倉書房。

衛藤卓也監修，根本敏則・後藤孝夫・大井尚司編著（2015）『現代交通問題考』成山堂書店。

岡野行秀・杉山雅洋（2015）『日本の交通政策』成文堂。

奥野信宏（2008）『公共経済学（第3版）』岩波書店。

加藤寛・中村まづる（1994）『総合政策学への招待』有斐閣。

環境省編（2016）『環境白書（平成28年版）』日経印刷。

国土交通省編（2016）『国土交通白書2016―平成27年度年次報告―』日経印刷。

後藤孝夫（2015）『道路政策の経済分析―交通サービスの費用負担と市場メカニズム―』同文舘出版。

杉山武彦監修，竹内健蔵・根本敏則・山内弘隆編（2010）『交通市場と社会資本の経済学』有斐閣。

竹内健蔵（2008）『交通経済学入門』有斐閣。

西村弘（2007）『脱クルマ社会の交通政策―移動の自由から交通の自由へ―』ミネルヴァ書房。

日本交通学会編（2011）『交通経済ハンドブック』白桃書房。

〔5章〕

植草益（1991）『公的規制の経済学』筑摩書房。

経済産業省（2008）『ソーシャルビジネス研究会報告書』。

国土交通省（2010）『「新しい公共」の担い手によるコミュニティづくりについて（現状と課題）』。

国土交通省（2015）『国土形成計画（全国計画）』。

塩見英治編（2011）『現代公益事業―ネットワーク産業の新展開―』有斐閣。

竹内健蔵（2008）『交通経済学入門』有斐閣。

谷口圭志・細井由彦編著（2012）『過疎地域の戦略―新たな地域社会づくりの仕組みと技術―』学芸出版社。

内閣府（2016）『PFIの現状について』。

日本政策金融公庫（2014）『ソーシャルビジネスの経営実態―「社会的問題と事業との関わりに関するアンケート」から―』。

野村宗訓（1993）『民営化政策と市場経済―イギリスにおける競争促進と政府介入―』税務経理協会。

林宜嗣（2008）『地方財政（新版）』有斐閣。

〔6章〕

ティム・パウエル著，岡崎行秀・藤井弥太郎・小野芳計監訳（2008）『交通の経済理論』（道路経済研究所研究双書3），NTT出版。

〔7章〕

植草益（1991）『公的規制の経済学』筑摩書房。

竹内健蔵（2018）『交通経済学入門（新版）』有斐閣。

〔8章〕

大嶋満（2022）「鉄道運賃・料金制度の課題」『立法と調査』450号，pp.58-73。

加藤博和（2020）「日本の地方部における公共交通プライシング転換の方向性―総括原価方式から協議運賃へ―」土木計画学研究・講演集，Vol.62，CD-ROM（7341）。

国土交通省（2013）「乗合バスの運賃に係る情報公開の実施状況等について」https://www.cao.go.jp/consumer/history/02/kabusoshiki/kokyoryokin/doc/003_130304_shiryou2.pdf（2023年1月27日アクセス）。

国土交通省（2015）「タクシーの運賃制度について」（第1回運賃制度に関するワーキンググループ資料2）http://www.mlit.go.jp/common/001108272.pdf（2023年1月27日アクセス）。

国土交通省（2022）「第5回交通政策審議会鉄道運賃・料金制度のあり方に関する小委員会【参考】現行鉄道運賃・料金について」https://www.mlit.go.jp/policy/shingikai/content/001476428.pdf（2023年1月27日アクセス）。

田邉勝巳（2017）『交通経済のエッセンス』有斐閣。

手塚広一郎（2021）「鉄道，変動運賃制導入の課題―負担の公平性，理解得る必要―（経済教室）」『日本経済新聞』7月20日朝刊，p.28。

日本交通学会編（2011）『交通経済ハンドブック』白桃書房

山田敏之・田邉勝巳・安部遼祐（2020）「多様な原ら着方の時代における敏子鉄道

の混雑対策―時間差料金制等に対する企業の意識を踏まえて―」（一般財団法人運輸総合研究所研究報告会第47回講演資料）https://www.jttri.or.jp/sympo47_04.pdf（2022年11月22日アクセス）

〔9章〕
ANA総合研究所（2017）『航空産業入門（第2版）』東洋経済新報社。
Gerald N. Cook and Bruce G. Billig著・上甲哲也監訳（2022）『グローバルエアラインの経営と実務』成山堂。
伊藤元重・下井直毅（2007）『日本の空を問う―なぜ世界から取り残されるのか―』日本経済新聞出版社。
大井尚司・酒井裕規（2010）「乗合バス事業における規制緩和後の運営形態の変化」日本交通政策研究会地域社会における高齢者のモビリティ確保と公共交通維持策の意義プロジェクト編『地域社会における高齢者のモビリティ確保と公共交通維持策の意義』日本交通政策研究会，pp.51-86（第5章所収）。
大井尚司（2011）『ITPS Report 201001　公共交通における規制緩和政策と公共セクターの役割の再評価に関する研究―乗合バスの規制緩和とその影響について―』㈶運輸政策研究機構運輸政策研究所。
加藤一誠・朝日亮太（2022）「アフターコロナにおける「地域航空」」『運輸と経済』第82巻第8号，pp.55-60。
加藤一誠・西藤真一・幕亮二・朝日亮太編（2021）『航空・空港政策の展望―アフターコロナを見据えて―』中央経済社。
木村達也（2002）『トラック輸送業・内航海運業における構造改革―全要素生産性（TFP）変化率を用いた分析―』白桃書房。
国土交通省（1995‒2016）『自動車運送業経営指標』各年版。
国土交通省（2018）「『持続可能な地域航空のあり方に関する研究会』最終とりまとめについて～持続可能な地域航空の実現に向けて～」https://www.mlit.go.jp/report/press/kouku04_hh_000166.html（2023年3月1日アクセス）。
国土交通省自動車局（2007‒2022）『数字でみる自動車』各年版。
塩見英治（2006）『米国航空政策の研究―規制政策と規制緩和の展開―』文眞堂。
首都圏空港将来像検討調査委員会編（2010）『首都圏空港の未来（運政研叢書006）』財団法人運輸政策研究機構。
寺田一薫（2002）『バス産業の規制緩和』日本評論社。
日本バス協会（2010‒2022）『日本のバス事業』各年版。
村上英樹・加藤一誠・高橋望・榊原胖夫（2006）『航空の経済学』ミルネヴァ書房。

〔10章〕
環境省（2018）「諸外国における炭素税等の導入状況」環境省総合政策局環境経済課https://www.env.go.jp/policy/tax/misc_jokyo/attach/intro_situation.pdf（2023年3月9日アクセス）。

兒山真也（2014）『持続可能な交通への経済的アプローチ』日本評論社。
佐和隆光・植田和弘（2002）『環境の経済理論』岩波書店。
柴田徳衛・永井進・水谷洋一編（1995）『クルマ依存社会―自動車排出ガス汚染から考える―』実教出版。
東京都環境局（2016）『東京都環境白書2016』東京都環境局総務部環境政策課。

〔11章〕
国土交通省（2021）「空港運営の民間委託に関する検討状況」https://www.mlit.go.jp/common/001413384.pdf（2023年3月9日アクセス）。
国土交通省（2021）「地方管理空港等の民間委託の検討状況」https://www.mlit.go.jp/common/001237691.pdf（2023年3月9日アクセス）。
手塚広一郎・加藤一誠編著（2017）『交通インフラの多様性』日本評論社。
堀雅道（2000）『現代欧州の交通政策と鉄道改革』税務経理協会

〔12章〕
国土交通省鉄道局監修（2005）『鉄道プロジェクトの評価手法マニュアル2005』財団法人運輸政策研究機構。
中井達（2005）『政策評価―費用便益分析から包絡分析法まで―』ミネルヴァ書房。
ティム・パウエル著，岡崎行秀・藤井弥太郎・小野芳計監訳（2008）『交通の経済理論』（道路経済研究所研究双書3），NTT出版。

〔13章〕
ヴァンソン藤井由実・宇都宮浄人（2016）『フランスの地方都市にはなぜシャッター通りがないのか―交通・商業・都市政策を読み解く―』学芸出版社。
合意形成手法に関する研究会編（2001）『欧米の道づくりとパブリック・インボルブメント―海外事例に学ぶ道づくりの合意形成―』ぎょうせい。
社団法人交通工学研究会編（2002）『都市交通―都市交通計画・都市物流計画―』（交通工学ハンドブック・シリーズ）交通工学研究会。
樗木武・井上信昭（1993）『交通計画学』共立出版。
都市計画教育研究会編（1987）『都市計画教科書』彰国社。
新谷洋二編（1993）『都市交通計画』技報堂出版。
原科幸彦編著（2005）『市民参加と合意形成―都市と環境の計画づくり―』学芸出版社。
原田昇編著（2015）『交通まちづくり―地方都市からの挑戦―』鹿島出版会。
藤井聡・谷口綾子（2008）『モビリティ・マネジメント入門―「人と社会」を中心に据えた新しい交通戦略―』学芸出版社。

索　引

【執筆者紹介】〔編者，執筆順〕

衛藤　卓也（えとう・たくや）〔編者・第1章・第4章〕
　神戸大学大学院経営学研究科博士課程修了
　福岡大学名誉学長，博士（商学）神戸大学

大井　尚司（おおい・ひさし）〔編者・第2章・第6章・第9章第1，2節・第12章〕
　神戸大学大学院経営学研究科博士後期課程修了
　大分大学経済学部門教授，博士（経営学）神戸大学

後藤　孝夫（ごとう・たかお）〔編者・第7章・第8章・第11章〕
　慶應義塾大学大学院商学研究科後期博士課程修了
　中央大学経済学部教授，博士（商学）慶應義塾大学

酒井　裕規（さかい・ひろき）〔第3章〕
　神戸大学大学院経営学研究科博士後期課程修了
　神戸大学大学院海事科学研究科准教授，博士（商学）神戸大学

西藤　真一（さいとう・しんいち）〔第5章〕
　関西学院大学大学院経済学研究科博士後期課程単位取得退学
　桃山学院大学経営学部教授，博士（商学）近畿大学

朝日　亮太（あさひ・りょうた）〔第8章・第9章第3節〕
　神戸大学大学院経営学研究科博士後期課程修了
　九州産業大学商学部准教授，博士（商学）神戸大学

鈴木　裕介（すずき・ゆうすけ）〔第10章〕
　神戸大学大学院経営学研究科博士後期課程修了
　福岡大学商学部教授，博士（商学）神戸大学

板谷　和也（いたや・かずや）〔第13章〕
　東京大学大学院新領域創成科学研究科博士課程修了
　流通経済大学経済学部教授，博士（環境学）東京大学

2011年 9 月30日　　初 版 発 行
2018年 5 月15日　　第 2 版 発 行
2022年 3 月15日　　第 2 版 2 刷発行
2023年 4 月 5 日　　第 3 版 発 行

略称：交通政策(3)

交通政策入門（第3版）

編 著 者	衛	藤	卓	也
	大	井	尚	司
	後	藤	孝	夫
発 行 者	中	島	豊	彦

発行所　同 文 舘 出 版 株 式 会 社
東京都千代田区神田神保町 1 -41　　〒101-0051
営業 (03) 3294-1801　　編集 (03)3294-1803
振替 00100-8-42935 http://www.dobunkan.co.jp

T. ETO
ⒸH. OOI
T. GOTO

製版：一企画
印刷・製本：三美印刷
装丁：オセロ

Printed in Japan 2023
ISBN978-4-495-44043-5